간절하게 꿈꾸고, 거침없이 도전하라

최혜영 지음

추천의 글

이 해 찬

전 더불어민주당 대표

최혜영 의원은 제가 더불어민주당 당 대표로 있던 2020년, 제21대 국회의원 선거를 위해 인재영입 1호로 모신 분입니다. 당시 더불어민주당은 집권여당으로써 국민에게 책임 있는 정책역량을 보여주고 사회개혁을 선도하는데 앞장설 능력 있는 정치신인을 발굴해 한국 정치의 새로운 패러다임을 제시하고자 총력을 다하고 있었습니다. 그때 추천받은 인재가 바로 최혜영 의원이었습니다. 최 의원은 과거 불의의 사고로 인해 척수장애인이 되었습니다. 그녀는 각고의 노력을 통해 성공적인 재활을 하고, 우리 사회의 다양한 현장에서 장애인식개선운동을 주도했습니다. 또한 바쁜 와중에도 학업에 정진해 국내 여성장애인 최초의 재활학 박사가 되신 분입니다. 그 후 대학교수가 되어 후학을 육성하며, 장애인 권익 보호에 실천적으로 앞장서 온 유능한 활동가이자 학자입니다.

인생의 시련을 자신의 몫으로 성숙하게 승화하며, 많은 것을 남에게 나누는 삶을 살아가는 최혜영 의원을 나는 이 시대가 요구하는 표상으로 보고 그녀에게 한국 정치 발전에 함께해줄 것을 삼고초려 했습니다.

첫 번째 면담에서 "어떤 세상을 꿈꾸는가"라는 저의 질문에 당연히 장애인 당사자로서 "장애인에 대한 차별이 없는 세상"이라고 대답할 줄 알았습니다. 그러나 그는 "장애인에게 무엇을 베풀어 달라는 요구라든가, 장애인에게 무슨 혜택을 주라는 요구보다 아예 그런 특별한 요구가 필요 없는 세상, 특별한 것이 아니라 장애인과 비장애인이 함께 살아가는 것이 당연한 세상"을 원한다고 말했습니다. 시혜의 대상이 아닌 자주적이고 당당한 국민으로서 장애인을 바라봐야 한다는 그 말이 가슴을 울렸습니다. 결국 그는 인재영입 1호로 저의 당에 영입되었고 제21대 비례대표 국회의원이 되었습니다.

저의 판단은 틀리지 않았습니다. 최혜영 의원은 국회의원으로서 장애 분야에서뿐만 아니라 보건복지 전 분야에서 압도적인 입법 활동을 보여주었고 다방면에서 맹활약을 보여주었습니다. 또한 당 활동에 있어서도 사회적 약자를 살피는 활동에 적극 참여하고 원내부대표, 원내대변인으로 활약하는 등 당을 위해 헌신하는 모습을 보여주었습니다. 언제나 긍정적인 관점에서 시원하게 문제를 해결해 가는 최혜영 의원이 있기에 한국 정치의 앞날은 밝다고 생각합니다.

지난해 최혜영 의원은 지역구를 안성시로 선택해 지역의 발전과 안성시민의 행복에 모든 것을 바치겠다는 선언을 하고 본격적인 활동에 들어갔습니다. 그동안 저를 비롯해 최혜영을 지켜본 많은 사람들이 최 의원이라면 믿을 수 있다며 잘해 낼 것이라고 응원과 격려를 보냈습니다. 짧은 시간이지만 벌써 많은 안성시민들의 환영을 받고 안성의 미래를 꼼꼼히 그리며 이를 실천하고 있는 최혜영 의원이 이번에 자신의 지나온 삶과 지난 4년간의 국회의원 활동, 그리고 안성에 대한 꿈과 비전을 담은 책을 출간한다고 하니 기쁘기 그지 없습니다.

저는 언제나 꾸밈없는 열정으로 매사를 적극적으로 풀어나가는 최혜영 의원이 이제 안성시민과 함께 호흡하고 하나가 되어 지역에 큰 성취를 가져올 것이라고 확신합니다.

아무쪼록 이번 〈간절하게 꿈꾸고 거침없이 도전하라〉의 출간을 진심으로 축하드리며 모든 분들께 일독을 권합니다. 고맙습니다.

추천의 글

최 재 성

전 청와대 정무수석

평범한 미소 깊이 깃든 비범한 책임감

21대 총선 영입 인사였던 최혜영 교수를 처음 만난 날을 잊을 수 없습니다. 평범한 미소 속에서 남다르고 비범한 그의 책임감을 엿봤습니다.

촉망받는 발레리나였던 그는 불의의 사고로 척수장애인이 되었습니다. 좌절할 법했지만 좌절하지 않았습니다. 혹독한 재활을 이겨냈습니다. 재활 직후 장애인 인식 개선 운동에 투신했습니다. 여기서 멈추지 않고 대학교수로 후학 양성에도 매진했습니다.

개인의 시련을 개인의 아픔으로만 그치지 않았습니다. 더 나은 사회를 위해 자기 자신을 헌신할 계기로 삼았습니다. 그의 밝고 평범한 미소 속에서 남다르고 비범한 책임감을 엿봤던 이유입니다.

낮은 이들의 아픔을 진정 아는 최혜영

어떤 이들은 발레리나 출신이라는 화려한 수식어 때문에 그가 유복한 삶을 살아온 줄 압니다. 아닙니다. 오히려 그 반대에 가깝습니다. 경남 거제 작은 섬에서 태어났고, 부모님은 바닷일을 하셨습니다. 풍족했던 기억보다는 부족했던 기억이 많았습니다.

척수장애인이 된 그는 장애인의 삶이 평탄치 않다는 것 또한 절감했습니다. 작은 문턱조차 장애인에게는 큰 절벽임을 몸소 느꼈습니다. 이런 문턱이 아직 우리 사회에 너무 많다는 것을 목격했습니다.

평범한 삶을 사는 서민 대다수는 풍족함보다는 부족함이 익숙하다는 것을 아는 최혜영입니다. 장애인과 비장애인 간의 차별이 없다는 건 현실보다 이상에 더 가깝다는 것을 직접 겪은 최혜영입니다. 무엇보다 그 현실에 굴복하지 않고, 바꿔내겠다는 책임감을 지닌 최혜영입니다.

이런 최혜영의 삶이 그를 정치로 내밀었고, 이런 최혜영의 책임감을 정치가 끌어당겼습니다. 운명처럼 도전에 몸을 던지고, 숙명처럼 사회의 공리를 택해온 그의 삶이 그를 정치로 이끌었습니다. 낮은 이들의 아픔을 아는 최혜영을 정치가 당겨낸 것입니다.

저는 최혜영 교수가 정치의 존재 이유를 증명할 수 있는 적임자라 느꼈습니다. 정치와 최혜영이 서로를 향해 인력과 척력이 필연처럼 작용하고 있다고 믿었습니다. 그가 더불어민주당 인재영입 1호로 선택된 이유입니다.

최혜영답다는 말의 무게감과 효능감

최혜영 의원의 삶은 예술입니다. 최혜영 의원이 바로 인생 마에스트로입니다. 도전과 응전이 있고, 좌절과 부활, 희노애락의 서사입니다. 그런 그의 첫 책입니다. 비록 그의 삶 전부를 알 수는 없지만, 이 책에 담긴 그의 진심만큼은 독자분께도 충분히 전해지리라 믿습니다.

발레리나였고, 학자이고, 아내이면서 또 정치인입니다. 기뻤고, 슬펐고, 화나고, 즐거웠던 그의 시간들을 마주하면 어느새 내가 최혜영이 됩니다. 독자들께서 '최혜영답다'라는 말의 무게감과 효능감을 더 깊고 오래 느낄 수 있기를 바랍니다.

최혜영의 첫 책

첫 책과 함께 새로운 도전 앞에 서게 된 최혜영을 응원합니다. 그답게 해내리라 믿습니다. 이 책을 읽는 모든 분의 삶과 가정에도 희망의 에너지가 가득 차기를 바랍니다. 감사합니다.

추천의 글

정청래
더불어민주당 수석 최고위원

국회의원이 정치를 하려면 같은 당의 정치인과 이런저런 만남을 갖게 됩니다. 특히 그 중에도 몇 명은 자주 만나고 여러 가지 일을 서로 상의하고 공동의 행동을 조직하는 등 '함께'하는 관계로 발전하기도 합니다. 21대 국회에서 만났고 비록 저와 나이 차이는 많이 나지만 제게 최혜영 의원은 베스트프렌드, 즉 '베프'입니다. 누가 뭐래도, 21대 국회에서 정말 아끼는 동료의원을 꼽으라면 저는 망설임 없이 최혜영 의원을 꼽을 것입니다.

제21대 국회의원 선거에서 더불어민주당은 장애인 당사자 비례대표 후보로 최혜영 강동대학교 교수를 모셔왔습니다. 그것도 영입인재 1호였습니다. 당시 청년의 젊은 교수를 총선의 아이콘으로 한다는 것은 매우 파격적인 조치였고, 또 기존의 관례를 깨는 충격적인 사건이나 다름없었습니다. 하지만 사람들의 걱정은 기우에 그쳤습니다. 최혜영 의원은 선거 과정에서 본인에게 맡겨진 역할을 잘 수행했고, 국회의원에 당선되어서도 역량과 능력을 확실하게 보여주고 있기 때문입니다.

장애인이자 초선인 최혜영 의원은 모두의 예상을 깨고 열정과 노력을 쏟으며 상당한 성과를 올렸습니다. 수많은 수상실적이며 의미 있는 발언들까지…저는 그런 최혜영 의원이 멋지고 자랑스럽습니다. 그런 와중에 여러 행사를 통해서 자주 만나게 되고, 또 정치 관련이나 입법 관련 활동도 서로 힘을 실어주는 든든한 선·후배 사이가 되었습니다.

최혜영 의원과 같이 일해보니 우선 매사가 명쾌합니다. 본인이야 성격이 급해 그렇다지만, 대화를 해보면 짧은 시간에 본론에 접근하고 결론도 빨리 나옵니다. 결론을 행동으로 옮기는데도 매우 빠릅니다. 일의 맥락을 살펴 가능한 일부터 찾아 적극적으로 실천합니다. 그러니 일이 순탄히 진행될 수밖에 없지 않겠습니까. 게다가 추진력은 얼마나 강한지요. 여기에는 특유의 '직진본능'도 한몫합니다. 서로 합의가 되었다 치면 바로 일을 진행하는 성과주의자이기도 합니다.

한편으로 최혜영 의원은 사람들과 잘 어울리고 쉽게 스며드는 정(情)스런 활동가입니다. 누군가를 도와줘야 한다면 화끈하게 밀어주고, 또 자신이 도움을 받아야 한다면 솔직 담백하게 도움을 요청합니다. 그래서 누구라도 그와 함께 있다 보면 유쾌한 공동체가 됩니다. 저는 부족하지만 정치 경험이 많으니 최혜영 의원의 든든한 후원자가 되기로 마음 먹었습니다. 많은 법안을 함께 공동발의하고, 지역사무실 개소식을 비롯해 그가 손짓만 하면 언제든지 달려가 그의 손을 잡아주었습니다.

작년 겨울 지역사무실을 개소하기 전 특강 강사로 불려가 안성에 다녀오기도 했습니다. 그때 열정적으로 최혜영 의원을 응원했던 기억이 새록새록 납니다. 서울로 돌아오는 차 안에서 되돌아보니 어느덧 제가 최혜영 의원의 요구와 나아갈 방향에 그래도 도구(?)로 쓰이고 있다는 생각이 들지 뭡니까! 하지만 참 다행인 것은 이러한 모든 것이 너무나 자연스럽고 마치 당연한 듯이 이루어져 불만은 없다는 점입니다. 다른 많은 의원들도 기꺼이 "최혜영과 함께하기"에 동참하는 것을 보면 최혜영 의원이 참 덕도 많고, 복도 많다는 생각이 듭니다.

최혜영 의원이 안성을 지역구로 정했다고 말했을 때 저는 진심으로 축하해주었습니다. 그리고 어떤 장벽도 최혜영 의원을 막지 못할 거라는 덕담을 나눴습니다. 그러나 그것은 공허한 덕담이 아닙니다. 최혜영의 인생에 담긴 간절한 도전과 희망의 메시지를 알기에, 또 21대 국회에서 그가 보여 준 새로운 정치와 비전을 알기에 저는 기꺼이 '최혜영이 해낸다'는 것에 강한 믿음과 응원을 보낸 것입니다. 아니나 다를까 역시 최혜영 의원은 안성에 가서도 놀랄만한 성과를 내고 지역에 뿌리를 내리는 데 성공했습니다. 그리고 새 시대에 필요한 그만의 정치적 청사진과 안성 발전에 한 획을 그을 유쾌한 도전을 준비하고 있습니다. 이 책에는 분명 그 노력의 흔적을 보여주는 단서들이 있을 것입니다. 독자 여러분의 일독을 권합니다. 감사합니다. 최혜영 화이팅!

추천의 글

최 강 욱
전 더불어민주당 국회의원

제가 참 좋아하는, 진짜배기 최혜영 의원과는 21대 총선 비례대표라는 타이틀을 공유하며 처음 만났습니다. 의원회관 엘리베이터에서 처음 만났을 때의 맑고 밝은 미소와 씩씩한 목소리가 지금도 선명합니다. 그 순간 저는 단박에 최혜영의 앞날을 응원하는 '찐팬'이 되기로 마음먹었습니다. 그 후에도 최혜영은 제 결심이 옳았다는 점을 동지이자 동료로서 유감없이 보여주었습니다. 어느 자리에서든 빛이 나고 어떤 상황에서든 변함없이 진솔하고 바른 최혜영을 제가 당당히 베스트 의원으로 지목한 이유입니다.

최혜영 의원은 의정활동을 통해 뛰어난 입법 성과와 정치개혁의 역량을 유감없이 보여주었습니다. 이슈가 있을 때마다 문제의 본질을 꿰뚫어 다양한 이해관계를 조정하고 결국 합의를 이끌어 내는 모습에 종종 초선의원이 맞나 생각할 때가 있습니다. 매사에 최선을 다하고 진심으로 소통하는 열정은 동료 의원들에게도 좋은 귀감이 되고 있습니다.

한편 최혜영 의원은 정치 활동 역시 정의롭고 개혁적인 입장을 일관되게 실천하고 있습니다. 당의 힘들고 어려운 일들도 기꺼이 도맡아 책임 있게 완수하기에 서로 같이 일하려고 하는 인기 있는 의원입니다.

지난 대선에서 최혜영 의원은 선대위에서 더불어민주당 함께하는장애인위원회를 맡아 전국을 누비며 50여 차례의 간담회 등을 주관하는 등 사회적 약자의 목소리를 공약에 반영하고 민주개혁세력의 재집권을 위해 앞장섰습니다. 아깝게 0.73%라는 간발의 차이로 패배했지만 악착같이 최선을 다해 뛰는 최혜영 의원을 보면서 '악바리'라는 별명이 붙기도 했습니다.

윤석열 정권이 들어서면서 우리 정치는 전대미문의 정치파괴를 목도하고 있습니다. 그동안 가꾸어 온 민주주의의 기반과 토양이 무너지고 있습니다. 정권의 폭주는 법과 상식을 뛰어넘고 있습니다. 민생은 추락하고, 역사를 뒤집으며 굴종과 국가적 피해를 강요합니다. 남북관계는 대결과 반목으로 가고 있습니다. 국민은 더 이상 이

정권에서는 희망을 찾아볼 수 없다며 절망하고 있습니다.

암흑기에 새로운 정치개혁의 싹을 틔울 한국 정치의 새 희망 중 한 명이 바로 최혜영 의원이라고 감히 말씀드립니다. 최혜영 의원은 그동안 우리 정치의 전근대적 잔재들을 과감하게 뿌리 뽑고 새로운 정치 모델을 구축해야 한다고 말해왔습니다. 또 민생 현장을 중심으로 끊임없이 안성시민들과 소통하고 함께하는 정치를 실천해왔습니다. 그런 의미에서 최혜영 의원은 정치개혁과 세대교체를 위한 더불어민주당의 대안이고 희망이라고 할 수 있습니다.

최혜영 의원이 자신의 첫 번째 출판물을 내겠다고 했을 때 저는 그동안 몰랐던 최혜영 의원의 진면목을 알 수 있는 좋은 책이 될 것이라 생각했습니다. 이 책을 통해 한국 정치 세대교체의 주역이 될 최혜영 의원의 삶과 노력, 그리고 비전을 발견하시길 바랍니다. 민주주의를 회복하고 민생을 되살려 선진국으로 발돋움할 대한민국을 기대하며 다시 한번 〈간절하게 꿈꾸고 거침없이 도전하라〉의 출간을 진심으로 축하드립니다.

새로운 생각, 새로운 시대

프롤로그

문이 열린다

휠체어에 앉아 문이 열리기를 기다리고 있다.
이 문이 열리는 순간 어떤 일이 생길 것인가, 아니 어떤 또 다른 삶이 펼쳐질 것인가?
상상하지 못한 채 닫힌 문만 바라보고 있다.
기다리는 짧은 순간, 간절하게 꿈꾸며 거침없이 도전했던 내 지난 삶이 스쳐 지나갔다.

늦은 나이에 시작한 발레였기에 발레리나가 되는 꿈을 꾸며 쉼없이 달렸다.
나의 꿈은 나만의 것이 아니었다. 넉넉한 형편은 아니지만 하나뿐인 동생의 꿈을 이뤄주기 위해 물심양면 애쓰는 언니와 부모님의 꿈이기도 했다.

하지만 꽃다운 나이 25살, 공연을 일주일 남겨두고 갑작스러운 교통사고로 사지마비 척수장애인이 되었다.

좌절은 잠시, 무대 위에서 춤추던 발레리나 최혜영을 고이고이 접어 가슴에 묻었다. 그리고 또 다른 최혜영의 삶을 찾기 위해 거침없이 도전했다.

나의 첫 도전은 자립이었다.

누군가의 도움 없이 혼자서는 아무것도 할 수 없는 내가 '독립'에 도전장을 내며 이를 꽉 깨물고 재활해 자립에 성공했다.

지금은 담담하게 말할 수 있지만 이때는 내 인생에서 가장 외롭고, 슬프고, 힘든 시기였다.

하지만 비 온 뒤 굳는 땅처럼, 자립의 성공은 또 다른 도전에 자신감을 불어넣어 주었다.

두 번째 도전은 공부를 시작한 것이었다.

그간 내 꿈과 기쁨만을 위해 살았던 삶에서 벗어나, 사회에서 소외된 어려운 사람들을 위해 살아보자는 마음을 먹고 사회복지학을 배우기 위해 대학원에 진학했다.

낯선 학술용어며 이론들로 학업을 포기하고 싶은 때가 한두 번이 아니었다.

하지만 내가 누구인가. 딱딱한 토슈즈 속에 발을 욱여넣는 고통 속에서 춤을 추면서도 미소를 잃지 않던 사람이 아니었던가. 이까짓 어려움으로 공부를 내려놓을 수야 없지.

남들보다 두 배 세 배 노력해서라도 학위를 따고 말겠다는 집념에, 결국 무사히 졸업을 할 수 있었다.

이후로도 장애인에 대한 사회적 인식을 변화시키고자 장애인식개선교육센터를 설립하고, 사회복지학과 교수직을 맡아 학생들을 가르치며 함께 생활했다. 또 국내 1호 여성 척수장애인 재활학 박사를 취득하는 등 새로운 기회라면 끝없이 도전해 '끝장'을 봐야 속이 풀렸다.

또 한 번 도전의 순간이 왔다. '장애인 교수 최혜영'이 '정치인 최혜영'으로 바뀌는 길에, 나답게 겁 없이 도전해 이 문이 열리기를 기다리고 있다.

드디어, 문이 열렸다.

어떡하지, 두근거리는 심장이 멈추지 않는다. 입술은 바짝 타들어가고 시선을 어디에 두어야 할지 모르겠다. 수많은 학생들을 앞에 두고도 강의를 하고 농담도 하던 나였는데.

저 문이 열리면 나는 어떻게 되는 걸까. 정말 정치를 하게 되는 걸까. 과연 내가 할 수 있을까.

괜찮아, 누군가 긴장한 나를 보고 어깨를 토닥여주지만 불안한 마음이 쉽게 가실 리 없다.

드디어 문이 열리고 이해찬 당시 당 대표님과 여러 선배 의원님들이 함께 행사장으로 들어간다.

내 눈앞으로 거대한 빛이 쏟아지고 카메라 플래시가 산발적으로 하얗게 터진다.

결국 문이 열렸고, 나는 '더불어민주당 인재영입 1호'로 대중의 주목을 받는 인물이 되었다.

'혜영아, 이제 너의 세 번째 도전이야. 지난 도전들이 그래왔던 것처럼, 잘 해낼 수 있지?'

야무진 말투, 자신감 있는 표정으로 정치에 입문하겠다는 내 포부를 여러 사람 앞에서 발표한다. 잠시 뒤 『더불어 민주주의』라는 책을 이해찬 대표께서 내게 건네주시고, 윤호중 당시 사무총장께서는 내 목에 민주당의 상징인 파란색 목도리를 손수 감아주신다.

긴장으로 뻣뻣해진 데다 한겨울 추위까지 그렇지 않아도 으슬으슬

춥다고 생각했는데, 그 덕분에 잠시 떨었던 내 몸이 녹아들었다. 곧이어 박수가 쏟아지고 나는 곁에 계셨던 의원님들과 손을 합쳐 하트를 완성한다.

'나는 이제 정치인 최혜영이다.' 모든 것을 긍정적으로 생각하자고 다짐했다. 고개를 숙이고 인사를 마치자, 또다시 플래시가 터졌다. 너무 눈이 부셔, 마치 무대 위에서 토슈즈를 신고 춤추며 받았던 조명과 지금의 플래시를 함께 받고 있는 착각이 들었다.

12월의 영입 인재 1호 신고식을 시작으로 그 다음해 봄이 무르익은 무렵 나는 21대 비례대표 국회의원이 되었다.

세 번째 도전인 정치인의 삶은 지금까지와는 전혀 다른 일상이었다. 아침 7시부터 시작된 회의와 각종 간담회를 다니며 선배들의 말을 경청하고 열심히 기록했다. 밥은 편히 먹을 수 있으려나, 웬걸 도시락 하나를 받아들고 초선의원 대상 교육부터 오후 토론회까지 돌고 나면 하루가 다 저물어 있었다. 이게 남들이 부러워하는 국회의원의 삶이라고?

하지만 좋았다. 장애인 당사자로 살며 바뀌지 않던 제도를 정책과 법안으로 바꿀 수 있던 것도, 전국을 도느라 몸은 바스라질 것 같지만 사회적 약자의 목소리를 들으면서 함께 세상을 바꿔가자는 다짐에 힘을 받던 것도 모두 정치인으로서의 삶을 선택했기에 가능한 일이었다.

이제 최혜영의 네 번째 도전이다.
경기도에서 가장 큰 발전 가능성을 품은 안성시에서 정치인으로서의 2막을 준비하고 있다.
언제나 도전은 쉽지 않았지만 최혜영의 거침없는 행보에는 멈춤이란 게 없다.
지난 1년 반, 국회의원만이 아닌 안성시민으로 살아가며 지역에 대한 애정과 관심이 더 커지는 것을 느낄 수 있었다.
이 도시를 더 건강하게, 더 활기차게 만들고 싶다는 의지와 함께 안성의 문이 활짝 열리기를 간절히 꿈꾸며 안성시민의 마음을 두드려 본다.

다시 시작이다. 반갑습니다, 안성시민 국회의원 최혜영입니다!

목차

프롤로그   17

1. 똑똑박사 혜영

유년의 기억   30
부모님의 애틋한 손가락, 막내딸 혜영   33
'언제나 내 편', 우리 언니   38

2. 대학 시절과 두 번째 삶

실망스러운 캠퍼스 생활   44
발레의 또 다른 세상   48
갑작스런 교통사고   54
주황색 휠체어   57
이 집을 벗어나자   59
첫 번째 도전, 자립   62

3. 도전의 도전

장애인과 함께 어울려 사는 세상 만들기   68
새로운 학문에 도전하다   73
"최혜영 교수님~" 잊히지 않는 학생들의 목소리   79
친구, 동료, 그리고 남편   83
최혜영, 모델이 되다   86

4. 세 번째 도전, 정치인 최혜영

영입인재 1호로 세상에 알려지다   93
의원 배지를 달다   97
코로나19와 함께 한 전반기 국회   101
모두를 위한 유니버설 디자인   104
같이, 그리고 함께   107
함께하는장애인위원회의 영원한 동지, 김밥   111
최혜영이 갑니다   114
정치혐오를 없애자   117
빛나는 상장과 고마운 보좌진   119

5. 안성대변인 최혜영

운명같은 만남, 안성	129
안녕하세요, 안성시민 국회의원 최혜영입니다	133
자갈밭도 진흙길도 휠체어로 무한 행진	139
응원을 받으며 안성에 깃발을 꽂다	143
반갑습니다! 일 잘하는 최혜영입니다	147
발전한 안성을 위해	152
안성시민을 위해 일하겠습니다	157
부록 1 발언문	164
부록 2 약력 및 성과	200

1

똑똑박사 혜영

유년의
기억

해녀가 테왁을 등에 짊어지고 있는 듯한 모양새를 한 거제도. 그 중에서도 동백나무 군락지이자 대나무 숲길로 유명한 곳, 섬 자체가 척박한 데다 주민 대부분이 어업으로 생계를 이어가는 곳, 해안선의 길이도 고작 4km 이내인 예쁜 섬에서 나, 최혜영이 태어났다.

내가 자란 곳은 거제에서도 최 씨 집성촌이라고 할 정도의 작은 섬이었다.

최씨 집안의 장손으로 가부장적이며 무뚝뚝한 아버지는 제주 해녀 출신 외할머니의 맏딸인 어머니와 결혼했다. 어머니는 최씨 집안의 대를 잇는 아들을 낳지 못해 호된 시집살이를 해야 했고, 1년에 13번의 제사를 책임져야 했다며 그 시절 힘듦을 아직까지 말씀하신다. 하지만 어머니는 친할머니로부터 구박을 받으면서도 두 딸을 정성껏 아끼고 보듬기 위해 최선을 다하셨다.

나는 친할머니와 할아버지가 일찍 돌아가셔서 두 분에 대한 기억이 별로 없다. 그래서 어릴 적에는 주로 외할머니의 품에서 자랐다. 어머니가 있는데도 외할머니가 좋아, 늘 그 옆에 달라붙어 어린 눈을 깜빡거렸다. 그때 해녀였던 할머니가 성게를 따오시면 그 옆에 앉아 작은 손으로 성게를 깠고, 반절은 내가 다 먹었다고 한다. 내가 아장아장 걸을 때는 외할머니께서 노란 꽃이 그려진 고무신을 사서 신겨 주셨던 기억이 어렴풋이 난다.

한 번은 장에 나갔다가 부모님과 헤어질 뻔했다. 서너 혹은 네다섯 살 때였다. 그 무렵 부모님과 손잡고 시내에 나왔는데, 부모님께서 장을 보시느라 정신이 없으셨던지 나를 깜빡 잊으신 것이다. 나도 나름대로 부모님을 찾으려 노력했지만 허사였다. 결국 방법도 모르겠고, 지나가는 버스를 잡고 무작정 태워달라고 했다. 그때 한 버스 기사님이 나를 보고 "너 어디 가는 거냐?"고 물어보셨다. 나는 "구조라항 가요"라고 하고는 나를 신통해하는 버스 기사님 옆에 앉아 발을 대롱대롱 대며 목적지까지 잘 도착했다. 발이 바닥에

닿지도 않을 만큼 작을 때였는데, 울지도 않았는지 신기할 노릇이다. 그리고 섬에 들어가는 배에 가서 앉아 있었다.

　나중에 알게 된 일이지만, 부모님께서 나를 찾느라고 고생을 무진하셨다고 했다. 온종일 시내를 돌아다니시다가 끝내 포기하고 섬으로 들어가기 위해 항구로 왔는데, 내가 거기 앉아 있어서 놀랐다고 하셨다. 그때도 아버지는 긍정적이셔서, 잠깐의 내 실종에 대해 "우리 똑똑박사"라며 머리를 쓰다듬어 주셨다. '별난 애 중에서도 별난 애'라고 말이다. 보통 이럴 때 부모님은 자식을 혼내거나 나무라기가 일쑤인데 말이다. 긍정의 에너지를 내가 닮았던 까닭일까. 나는 아버지의 농담 섞인 바람대로 정말로 훗날 재활학 박사가 되었다.

　거제에서의 어린 기억들을 뒤로 하고 가세가 기울자, 부모님께서는 주변을 정리하고 거제도의 여러 곳으로 옮겨 다니다 마침내 부산에 삶의 터전을 잡고 정착하셨다. 이때가 내 나이 6살 즈음의 일이다.

부모님의 애틋한 손가락,
막내딸 혜영

아버지는 가부장적이셨다. 좋게 말해 말씀 없으신 점잖은 분이셨고, 거칠게 말해 어떤 말을 해도 그냥 듣기만 하고 대꾸하지 않는 분이셨다. 진짜 뱃사람, 마도로스 같은 사나이였다. 하지만 그런 아버지도 마냥 좋았던 나는 아버지 뒤를 따라다니고, 막내딸 특유의 애교를 부리곤 했다. 멀리서부터 아버지 배가 들어오면 천진난만한 표정과 가벼운 발걸음을 하고는 손을 휘휘 흔들기도 하고, 아버지를 향해 머리카락을 휘날렸다. 배를 타고 멀리 나간 아버지는 내가 서른 밤을 자고 서른 가지의 꿈을 꾼 뒤라야 돌아오시곤 했으니까. 그래서 아버지가 들어오시면 손을 놓칠세라 졸졸 따라다녔다. 아버지를 마중 나가면 함께 배를 탔던 동료분들이 나를 귀여워하며 지갑을 자동으로 여는 기적을 보여주시곤 해 그 재미 또한 쏠쏠하곤 했다. 말씀은 없지만, 아버지의 잔정은 일상의 곳곳에서 느낄 수 있었다. 어느 날은 내가 무용하던 시절 유행한 찢어진 청바지를 아버지가 다 꿰매놓으신 적이 있다. 발레 타이즈도 마찬가지 꼴을 당했다. 발레 타이즈를 입으려면 발바닥에 구멍이 있어야 미끄러지지 않는데, 아버지는 그것을 모르시고 양말에 구멍이 난 줄 알고 타이즈를 온통 꿰매놓으셨다. 아버지는 내가 '연습을 너무 열심히 해서 이게 구멍이 났구나', '돈이 없어 구멍 난 것을 입는구나' 하고 측은히 생각하신 것이다. 말로 다 표현할 수 없는 아버지의 깊은 마음을 바느질로 보여주시는 바람에, 애꿎은 옷들만 비극(?)을 맞게 된 셈이다. 또 가끔은 치마를 입고 외출하는 내게 '짧다, 짧다'며 탐탁지 않아 하셨지만, 내가 '그래도 막내딸이 제일 이쁘지?' 하면 '응, 이쁘다', 한마디를 겨우 해주셨다. 하지만 짧은 단어 속에 있는 아버지의 흐뭇함을 나는 다 알고 있다.

이런 막내딸이 하루아침에 사고로 몸을 움직이지도 못하고 병원에 누워있는 모습을 보면서 얼마나 많이 슬퍼하셨을지.

다친 딸의 얼굴 보러 병원에 오셔서 아무 말씀 없이 마비된 내 다리를 주무르기만 하셨던 아버지, 약주 한잔 하시고는 '우리 막내딸 이제 어짜노' 하며 많이 우셨던 아버지를 생각하면 언제나 가슴이 아프다. 하지만 의원이 된 후 '우리 딸 똑똑박사 테레비도 나오고

출세했네'하고 웃으며 좋아하시는 모습을 보면 조금이나마 죄송스러운 마음이 녹아내리는 느낌이다.

혹독한 시집살이를 한 어머니는 부산에 와서도 시장의 궂은일을 다 하셨다.

어릴 때부터 내가 잔병치레가 잦은 바람에, 어머니가 고생을 많이 하셨다. 한번은 하도 자주 아파하니 '과연 우리 애가 얼마나 오래 살까'를 고민하셨다고 했다. 태어나자마자 신생아였던 내 엉덩이에 혹이 있던 것, 폐렴이나 감기에 자주 걸려 병원 출입이 잦았던 것을 두고두고 말씀하셨다. 아무리 어린 시절의 크고 작은 병치레라 해도 부모님 가슴에는 다 맺히는 것일까.

이런 나와 달리 우리 언니는 아픈 적이 거의 없었다. 심지어 나보다 키도 크고 피부도 하얀 편이었다. 한 배에서 나온 자매인데도 유전자에 따라 다른가 보다며 투정을 하곤 했다. 한번은 농담삼아 어머니께 '언니는 장녀라고 돌잔치 해주고, 나는 안 해줘서 자주 아픈 거지' 했더니 웃자고 한 이야기가 오히려 어머니 가슴을 아프게 했는지 나직이 '미안해'라며 사과를 하셨다. 어머니의 그 한마디에 "괜찮아, 나중엔 내가 하고 싶은 거 다 하게 해줘서'라고 말을 돌렸지만 괜히 말해서 어머니를 속상하게 했구나, 아차 싶은 때도 있었다.

병치레뿐만 아니라 동네에서도 별난 꼬마였다고 한다.

비바람이 부는 날, 언니와 옥상 꼭대기에서 놀다가 "야, 비가 내린다!"라며 비를 맞으면서 깔깔대며 좋아하다가 계단에서 굴러 머리를 다치기도 했다. 병원에 가서 엑스레이를 찍었는데, 그나마 아무 이상이 없어 다행이었다. 다리가 부러지는 사고도 있었다. 트럭이 후진하다 담벼락을 쳤는데, 하필이면 내가 그 담벼락 근처에 서 있었다. 그 담장이 무너지면서 나를 깔아뭉갰다. 그 바람에 다리가 부러졌는데, 다리가 부러져 다행이기 망정이지 만약 그 자리에 세워진 오토바이가 없었더라면 그대로 압사를 당했을 수도 있었다. 깁스를 풀 때쯤은 하필 여름이라 붕대를 풀었더니 더러운 피가 뭉쳐 있어 피를 빼러 가야 했다. 어린 나이였던지라 피도 무섭고, 피

를 빼야 한다는 것도 무서워서 아버지 다리에 매달려 울고불고 소리를 지르며 '나 죽네~나 살려줘' 온갖 난리를 피웠다. 그 모습을 본 의사 선생님께서 기가 찬 듯 웃으셨던 기억이 선명하다.

어머니께서는 종종 과거를 회상하실 때, "자식을 어떻게 키워야 할지도 모르고 나도 살기 힘들어서 너희를 막 키웠다"며 한탄하신다. 어머니는 워낙 바쁘신 분이셨고, 아버지도 뱃일하러 긴 시간 동안 육지를 떠나 있던 처지였다. 어른이 된 지금은 다 이해한다. 물론 어릴 때부터 부모님의 부재가 길다는 건 훗날 아이들에게 큰 상실감으로 이어질 수가 있고, 부모님께서 늘 바쁘셨던 탓에 어린 나는 외로웠지만, 하나밖에 없는 우리 언니가 있어 다행이었다. 표현은 잘 하지 않지만 어머니의 애틋한 자식 사랑은 여느 부모님과 똑같았다.

'언제나 내 편',
우리 언니

　나의 긍정의 힘은 우리 언니의 '넌 잘할 수 있어!' 말 한마디에서 비롯됐다. 말뿐만이 아니다. 경제적으로 어렵고, 또 생업에 바쁜 부모님을 대신해 언니가 내 뒷바라지를 다 했다 해도 과언이 아니다. 부모님이 처리해야 할 문제도 언니가 도맡는 경우가 많았고, 내가 중학교를 다니던 즈음 언니는 고등학교를 졸업하고 경제활동을 하고 있을 때였으니 학교에 내야 하는 등록금이며 육성회비를 언니가 마련해 해결해줬다.

　무용은 중학교 3학년 때 시작했다. 체육 선생님이 마침 무용전공자셔서 발레를 접할 기회가 생겼고, 몇 번 하다 보니 금세 흥미가 생겼다. 좀 더 배우고 싶은 마음에 언니에게 무용학원을 가겠다고 했더니, 언니가 선선히 "학원비 줄 테니까 가라"고 해준 덕에 본격적으로 무용을 할 수 있었다.

그때 언니는 친척들이 많은 자갈치 시장에서 일을 하고 있었다. 청년이 장사를 하니 인기도 많았고, 매출이 좋아서 수입도 쏠쏠했다. 하지만 언니가 내게 표현하지 못한 어려움이나 혼자서 삭여야 했던 고충은 이루 말할 수 없을 것이다.

이러한 언니의 희생 덕분에 나는 꾸준히 지원을 받으며 중학교 시절부터 대학 졸업반이 될 때까지 발레에만 매진할 수가 있었다.

사실 언니도 꿈이 있었다. 하얀 피부에 키도 크고 패션 감각도 뛰어난 언니는 패션디자이너가 되고 싶어했다. 하지만 아무도 언니를 위해 지원해 줄 사람은 없었다.

부모님의 어려운 처지를 아는 마음 깊은 언니는 자신의 꿈은 접고 동생의 꿈을 지원하며 내가 잘 성장하기만을 바랐다.

한편으로는 언니가 가족을 위해 많은 것을 양보하거나 희생해야만 했던 그때 그 시절로 돌아갈 수만 있다면 언니의 꿈과 젊은 시절을 돌려주고 싶다. 시간을 되돌릴 수 없다는 것이 안타까울 뿐이다. 항상 내 뒷바라지만 한 언니에게 지금도 미안한 마음뿐이다.

가장 미안했던 때는 사고로 더는 발레를 하지 못하게 되었을 때 그간의 뒷바라지가 무색해져 버린 순간이였다. 나의 꿈은 언니의 꿈이기도 했는데, 언니의 바람을 내가 저버린 것만 같았다.

하지만 언니는 장애인이 된 나에게 첫마디로 "살아있어서 고마워"를 말해준 세상에서 가장 강한 사람이다. 언니의 헌신적인 지원 덕분에 나는 살아오면서 많은 경험을 할 수 있었고, 밝은 성격도 지닐 수 있게 되었고, 모든 것을 긍정하는 삶도 살 수 있게 되었다.

"살아있어서 고마워"라는 언니의 말을 떠올릴 때마다 글을 쓰고 있는 지금도 눈물이 나지만 언니의 한마디 덕분에 장애인 최혜영이 제2의 삶을 더 열심히, 더 행복하게 살고자 노력하고 있다는 사실을 우리 언니 최혜정 씨가 꼭 알아줬으면 좋겠다.

언니야~ 고마워~

2

대학 시절과
두 번째 삶

실망스러운
캠퍼스 생활

늦은 나이에 무용을 시작해 남들보다 더 많이 연습하고, 레슨도 더 많이 해야 했다.

무용을 본격적으로 배우기 시작하면서부터 대학도 무용학과가 있는 곳을 선택하기로 했다.

1차로 서울에 있는 대학을 선택했으나 탈락의 고배를 마시고, 2차로 지원한 부산 신라대학교(前 부산여자대학교) 무용학과 발레전공에 합격했다.

무용과에는 3개의 세부 전공이 있었는데, 1학년 때는 전공 수업만 각자 따로 배우고, 전체적으로는 같은 수업을 들어서 동기들과 쉽게 친해질 수 있었다. 그런데 친구들과 어울리는 동안에도 나는 고민했다. 내가 상상하던 대학이 아니었기 때문이다. 캠퍼스도 텔

레비전에서 나오는 것처럼 푸른 잔디밭이 펼쳐있어 여유롭게 누워 있거나, 삼삼오오 모여서 정다운 이야기를 나누는, 사랑과 자유와 낭만이 펼쳐지는 곳이 아니어서 신입생의 부푼 기대가 맥없이 쭉 사라지는 것을 느낄 수 있었다. 특히 입학하자마자 교수님께서 나에게 큰 역할을 맡기시면서 스트레스가 컸다. 내 역량으로는 도저히 그 역할을 감당할 수가 없었고, 힘든 상황을 감당하지 못하는 나 자신도 너무 싫었다. 점점 슬럼프에 빠지기 시작했고, 결국 교수님께 사정을 말씀드려 공연을 포기한 적도 있었다. 그때 고민의 흔적은 결국 학점으로 고스란히 남게 됐다. 그래서 1학년 성적을 보면 F가 더러 있었는데, 이 낙제점을 좋은 점수로 높이기 위해 재수강을 하느라 3학년을 정신없이 바쁘게 보냈다. 나빴던 성적을 끌어올리기 위해서 온갖 노력을 들인 끝에 결국 전공과목은 A+ 혹은 A 수준으로 만들 수 있었다.

대학교 때 그 흔한 미팅도 제대로 해보지 못했다. 정규 수업이 끝나면 교수님이 주관하는 저녁 레슨을 해야 했기 때문이다.

우리 학과는 공연 연습을 최우선으로 해야 하고, 레슨은 빠짐없이 참석해야 했다. 공연을 한다고 해도 모든 학생이 선발되는 것은 아니었고, 1학년부터 4학년까지 골고루 배역을 받는 경우가 많았다. 1학년 때만 하더라도 공연이 한 달에 두세 개씩은 됐다. A 교수님의 공연도 해야 하고 B 교수님의 공연도 올라야 했으니 말 그대로 몸이 두 개라도 모자랄 판이었다. 입시에서 막 놓여난 신입생이니만큼 놀고 싶고, 술도 마시고 싶고, 미팅도 하고 싶은데 현실은 연습에 연습뿐이었다. 캠퍼스의 낭만을 실현하지 못한 신입생의 실망이 돌아보니 귀엽고 애틋하기도 하다.

2. 대학 시절과 두 번째 삶

발레의
또 다른 세상

대학교 1학년 겨울방학, 무용 연수를 위해 러시아에 간 적이 있다. 나의 영원한 지원군 언니에게 '러시아로 무용 연수를 가고 싶은데 어떡하지?'라고 하니 멋진 우리 언니는 또 잔소리 한마디 없이 '갔다 와, 언니가 보내줄게'라고 대답했다. 첫 해외 경험은 내게 깊은 인상을 남겨서, 연수 이후 내 미래에 대해 제법 진지하게 생각하게 된 계기가 됐다. 이만하면 언니의 지원에 부응한 셈이다.

모스크바의 기치스 대학에 가서 겨울방학 동안 무용 연수를 받았다. 4학년 선배와 나, 그리고 타 지역 대학생 몇몇이 선발되어 갔다. 어렵게 잡은 기회를 놓치고 싶지 않아 선생님들의 움직임 하나하나를 유심히 보며 연습에 적용했다. 그렇게 제대로 배운 덕분에 짧은 시간 안에 무용 실력이 많이 향상되었다. 그때 캐릭터 발레에

매력을 느꼈고 앞으로 내가 발레를 한다면 전통 발레가 아니라 캐릭터 발레 쪽으로 세부 전공을 선택해야겠다고 마음을 먹었다. 교수님께서도 나에게 캐릭터 발레가 잘 어울린다고 하셨다.

　모스크바는 내가 생애 처음으로 가본 외국 도시였다. 볼쇼이발레단 공연을 직접 관람할 기회도, 기라성 같은 무용학교들에 가볼 수 있는 것도 좋았지만 단 하나, 음식만은 전혀 맞지 않았다. 학교 식당 음식도 내 입맛에 맞지 않았다. 엎친 데 덮친 격으로 얼마 지나지 않아 향수병까지 걸려서 음식을 잘 먹지 못했다. 먹을 수 있는 거라고는 달걀프라이 정도였다. 기억에 남는 것은 선배가 만들어

준 김치전이었다. 먹을 수 있는 음식이 없어 말라가던 내게 이국땅에서 먹은 김치전의 맛을 어떻게 표현할 수 있을까. 하지만 그 이후로도 현지식은 입맛에 맞는 게 많지 않아 러시아에 다녀오고 난 후 5kg이 빠졌다.

대학교 2학년 때에는 스위스를 가게 됐다. 그때는 경제적으로 힘들기도 하고 언니에게 또 도움을 요청하기가 미안해 도저히 못 가겠다고 교수님께 말씀드렸다. 하지만 교수님께서 "무조건 가야 된다"고 엄포를 놓으신 통에 또다시 언니에게 아쉬운 소리를 할 수밖에 없었다. 이때는 언니도 사정이 어려웠는지 "어렵다, 안 된다"며 거절했다. 이쯤이면 교수님도 포기하실만 한데 나에 대한 신뢰가 크셨던 건지, 아니면 욕심이 나셨던 것인지 기어코 나를 데려가겠다고 하셨다. 하는 수 없이 나는 몇 개나 되는 아르바이트를 해서 스위스행 여비를 마련해야만 했다.

스위스는 러시아와 여러 면에서 환경이 달라 좋았다. 일단 음식이 입에 맞아 즐겁게 지낼 수 있었다. 레슨 중간에 점심으로 먹었던 바게트가 얼마나 맛있었는지! 또, 교수님이 내게만 무용복을 사주셔서 행복했다. 그만큼 교수님의 애정과 관심을 받고 있다는 확신이 들었다.

발레리나를 꿈꾸는 스위스 학생들은 춤을 잘 췄다. 그때 세계적

대회인 로잔 콩쿠르를 보게 되었는데, 이 대회에 참가하는 학생 대부분이 중·고등학생이었다. 나보다 어린 학생들의 공연을 보면서, 이른 나이에 무용교육을 받기 시작한 이들을 보며 우리나라의 현실과 비교되기도 했다. 이 대회를 보면서 견문을 넓히기도 했고, 나 스스로도 큰 꿈에 도전하고 있다는 뿌듯한 감정이 들었다. '내가 제대로 배워야 아이들도 제대로 가르칠 수 있겠구나' 하는 사명감도 생겼다.

해외에 갔다 와서도 공연은 계속해야만 했다. 학계 사정을 모르는 일반 사람들은 우리가 공연하면 돈을 받을 거라 생각하지만, 대학에서는 실습의 연장이기 때문에 지금은 모르겠으나 당시에는 공연하는 학생들에게 돈을 지급하지 않았다. 하물며 공연에 필요한 의상은 물론 각종 부대 비용도 알아서 해결해야 했다.

경제적인 부담을 무시할 수 없어 한 가지 꾀를 냈다. 교수님의 공연 제의에 학원 레슨 아르바이트 소개를 시켜 주시면 하겠다고 한 것이다. 교수님은 당돌한 제안을 귀엽게 보셨는지, 아르바이트를 할 수 있는 학원을 소개해주셨다. 교수님께서 나를 예뻐해 주신 것에 언제나 감사할 따름이다.

안타깝게도 우리나라에서 예체능은 경제적으로 넉넉하지 않다면 도전하기 어려운 분야라고 봐야 할 것이다. 대학 시절까지도 원하던 발레를 했지만, 좋아하는 발레를 하기 위해서 끝없이 노력할 수밖에 없었다. 부유하지 않았던 집안 사정에도 불구하고 반드시 내 꿈을 이루고야 말겠다는 마음으로 열심히 했다. 그 다짐과 신념이 내 삶의 토대가 되었고, 어려운 환경에서도 최선을 다하겠다는 에너지를 만들어냈다. 지금 생각해보면 이러한 긍정적인 마음가짐이 있었기에, 훗날 장애 판정을 받고 나서도 나는 끊임없이 여러 분야에 도전하여 국회의원까지 활동할 수가 있게 된 것 같다.

갑작스런 교통사고

모든 일상이 바쁘게 돌아가던 2003년 여름, 내 운명을 바꾼 교통사고가 발생한다. 친구 차를 타고 집으로 가는 길, 빗길에 차가 미끄러지면서 사고가 났다.

'꽝'. 그때 나는 조수석 뒷자리에 타고 있었는데, 목뼈가 부러진 줄은 모르고, 피 한 방울 나지 않아 다행이라 생각했다.

하지만 내 몸은 움직이지 않았고, 119 앰뷸런스에 실려 병원으로 이송됐다. 도착한 병원에서 만난 의사가 나의 상태를 보더니 더 큰 병원으로 가라고 했다. '어? 이상하다.' 감각이 사라진 것이다. 급기야 부산대학교병원으로 갔더니 목뼈가 부러졌다면서 검사를 하기 시작했다. 무던했던 나는 '그런가 보다' 하고 덤덤히 누워 '조금 있으면 낫겠지'라는 생각을 했다. 다친 상황에서도 머릿속으로는 계속 일주일 뒤에 있을 공연 걱정을 했다. '공연을 못 하게 되면 어떡하지? 내가 하지 못하면 누구를 대타로 세워야 하나? 교수님께는 뭐라고 말씀을 드려야 하나.'

긴 검사가 끝나자 의사가 와서 수술을 해야 한다고 했다. 목에는 7개 뼈가 있고, 그 사이에 척수라는 신경이 있다. 뼈 안의 신경이 우리의 감각과 운동 신경을 담당하는데, 여섯 번째 자리에 있는 뼈가 부러지면서 신경을 건드린 것이다. 수술로 신경과 뼈를 늘려야 했고, 그렇게 하기 위해서는 머리에 추를 박아야 했다. 덕분에 내 긴 머리카락은 온통 잘려나가 빡빡머리가 됐다. 그때까지만 해도 엄마는 내가 금방 일어날 거라고 생각하셨기에 목뼈가 부러진 것보다 "발레 하는 애 머리카락을 그렇게 짧게 잘라버리면 어떡하냐"며 울먹이셨다. 그러자 의사선생님은 "목의 윗부분이 더 심하게 다쳤더라면 따님은 죽었을 것"이라며 무시무시한 말씀을 하셨다. 수술 전 2주는 중환자실에서 지냈다. 그때 내 상태가 호전되리라는 희망을 가졌던 것은 나와 똑같은 상태로 다친 친구가 수술 후 걸어서 나갔다고 언니가 전해주었기 때문이다. 언니는 "그 의사분이 너도 똑같이 치료할 거니까 걱정하지 말라"고 했다. 사고가 났을 때는 장애인이 될 거라는 생각을 하지도 않았다. 앞날을 모르니 병실에서 농담을 하며 즐겁게 지냈고, 치료가 잘 될 것이라고만 생각했다. 그런데 얼마 지나지 않아 의사선생님이 언니와 부모님께 장애가 생길 수 있다며, 신경 때문에 정상적으로 기능을 회복할지 장담하기가 어렵다고 했다. 비극적인 현실을 극복하려는 이때가 오히려 가장 낙천적인 때였다. 그 순간에도 즐거움을 찾으려고 했으니까 말이다. 나도 모르게 재미와 긍정이야말로 내가 살아남는 방법이라 본능적으로 생각한 모양이다. 갑자기 장애가 생겼고, 평생 장애인으로 살아야 한다는데 어디 제정신이겠는가. 그래서 숨 쉴 수 있는 출구를, 살아남는 방법을 찾아야 했다.

사고 이후 장애 판정을 받고 힘들었지만 평소와 다름없이 아무렇지 않게 보이기 위해 더 밝게 지내려 했다. 남들이 보는 앞에서는 밝은 척을 했지만 속으로는 많이 울었다. 밤만 되면 내 처지가 안쓰러워 울고 또 울었다. 하지만 눈물이 다 마를 때쯤에는 삶을 포기하고 싶지 않았다. 최대한 즐겁게 살기 위해 노력하면서 내 장애를 인정하게 됐다. 장애를 수용한다는 게 쉬운 일은 아니다. 장애를 받아들인다는 것이 얼마나 두렵고 무서운 일이겠는가. 그럼에도 불구하고 피하고 싶었던 장애와 함께 살아가야 한다는 현실을 자각하자 이 상태를 긍정적으로 수용하는 것이 내 삶을 보다 활기 있게 사는 방법이라 생각해 더는 이 일로 눈물을 보이지 않았다.

주황색
휠체어

　재활치료를 하는데 처음에는 휠체어에 앉지를 못했다. 누워서 한 달 정도 있다 보니 운동 신경도 점차 사라지게 됐다. 계속 누워만 있으면 몸이 굳는다. 굳는 걸 방지하기 위해 관절을 풀어주기도 한다. 원인 모를 통증이 너무 심할 때는 진통제를 맞았다. 밤에 잠을 잘 수 없을 정도로 고통이 심했다. 손가락이 칼로 찢기듯이 아프니까. 착한 우리 언니, 이번에도 언니는 잠을 쫓아가며 밤새 손을 주물러줬다. 4개월 동안 누워 있으면서도 언젠가는 운동신경이 살아날 거라 믿었다. 그렇게 밝은 희망을 품었던 기간만 약 10개월 정도는 됐을 것이다. 1년 정도 이곳저곳 병원을 옮겨가며 지내다 보니 병원 생활에도 적응되기 시작했다. 내 또래인 20~30대 친구들도 많이 있었다. 특히 교통사고나 다이빙사고, 낙상사고가 많았다.

이들도 병원에서 받는 치료라고는 재활밖에 없었다. 병원에 있으면 물리치료나 작업치료를 하고, 남는 시간 동안은 친구들을 만나 어울리기 시작했다. 어차피 평생 안고 가야 할 장애라면 차라리 즐기는 게 낫지 않을까 생각했다.

4개월쯤 지난 뒤 '나의 운동신경도 살아나지 않겠구나'라고 생각했다. 재활의학과에 있을 때 옆자리에 한 친구가 입원했는데, 그 친구가 다친 지 1년이 되었고, 서울 국립재활원에 입원했다가 다시 부산대병원으로 왔다는 것이다. 그 친구를 보고 '1년이 지나도 안 낫는구나', '나도 영구적인 장애를 갖게 되겠구나' 싶었다.

그때 그 친구가 주황색 휠체어를 타고 있었는데, 그것이 예뻐 보여서 나도 휠체어를 바꿨다. 어차피 장애 이전의 삶으로 돌아가는 것은 불가능하다는 것을 깨달았기에, 닥쳐올 우울함에 잠식되고 싶지 않았다. 장애 이후의 내 삶도 밝음으로 가득 채우고 싶었다. 그래서 휠체어라도 예쁜 것을 타고 싶었고, 작은 것이라도 스스로 할 수 있는 일들을 많이 만들어야 밝은 내일이 만들어질 것 같아 열심히 재활운동을 했다.

이 집을
벗어나자

어려움도 있었다. 우선 치료비가 많이 나와 병원 생활도 접어야 겠다고 생각했다. 간병비까지 포함하면 한 달에만 약 400~500만 원씩 지출이 생기니 감당하기가 힘들었다.

병원에서 나와 집으로 갔다. 부모님들도 편찮으신 때라 언니 집으로 갔다. 그런데 막상 집으로 돌아오니까 할 수 있는 게 아무것도 없었다. 지금이야 집에서 휠체어를 타고 일상생활을 할 수 있지만 그때는 방에 누워 있거나 소파에 앉아 있는 것 말고는 할 수 있는 게 거의 없었다. 하물며 몸을 씻는 것조차도 내 마음대로 안 되었다.

언니가 나를 돌봐야 한다는 현실을 받아들이는 것도 힘들었다. 힘든 모습을 서로 보여줘야 하고, 그 눈치를 보면서 서로를 걱정하고 배려해야 한다는 것이 두려웠다.

여러 가지 힘든 일을 동시에 하다 보니 언니에게도 심한 우울증이 생겼다. 그때 언니는 벌여놓은 사업이 잘 풀리지 않았고, 산후 우울증에 장애가 있는 나까지 돌봐야 하니 얼마나 힘들었을까. 또 언니는 나를 끔찍하게 여겨주지만 조카에게는 단 하나뿐인 엄마이기에, 조카가 아프면 나를 두고 병원에 가야 했다. 그러면 나는 또 혼자 집에 남게 되고, 그러면 아무것도 할 수 없는 나의 처지에 우울감만 쌓이게 됐다. 이런 상황이 반복되니 '이 집을 벗어나자'고 다짐했다. 사랑하는 언니와 형부, 조카에게 내가 불편한 짐으로 남고 싶지 않기 때문이었다. 평생 그들의 도움을 받을 수도 없고, 나 또한 자립의 필요성을 절실히 느끼고 있던 터였다.

자립을 결정한 후, 인터넷을 뒤져 내가 있어야 할 곳을 찾았다. '일단 해보자, 부딪혀보자'는 심정으로 집을 나오게 됐다. 나도 얼마든지 독립할 수 있는 굳은 의지와 추진력이 있다는 것을 보여주고 싶었다. 내가 지닌 긍정적인 에너지로 사회에 복귀하는 것이 무엇보다도 중요했다. 장애를 갖게 된 것이 창피한 일도 아니니까, 내가 이겨내면 다른 장애인들에게도 다시 자신의 삶을 일궈나갈 힘을 실어주지 않을까, 나도 누군가의 롤모델이 되지 않을까 싶었다.

그래서 찾은 곳이 국립재활원이다. 그렇게 짐을 싸고, 언니와 함께 국립재활원에 도착했다. 나 역시 타인의 장애에 익숙하지 않을 때라, 중증 장애인들의 상태를 보고 많이 놀랐다. 비장애인으로 살다가 다쳐서 잠깐 치료받는 곳이라 생각했는데 막상 와보니 나중에는 엄청 친해진 언니였지만 발가락으로 숟가락질을 하는 것을 보고 놀랐던 기억이 난다.

'과연 여기서 3개월 동안 지낼 수 있을까.' 걱정하면서 선생님과 상담하고, 간병인을 일주일 정도 고용하고, 언니는 다시 집으로 완전히 내려가면서부터 처음으로 자립했다. 같은 장애인 친구 한 명이 룸메이트여서 간병인도 쓰지 않게 됐고, 모든 일을 혼자 할 수 있게끔 스스로 노력하고 터득했다. 그곳에서는 문턱이 없어 누군가의 도움을 구하지 않아도 되고, 장을 보러 가도 아무도 나를 쳐다보지도 않아서 좋았다. 혹여 누군가가 나를 쳐다봐도 나를 아는 사람이 없는 동네라 신경 쓰지 않았다.

이곳에도 잘 짜인 프로그램이 있었다. 예를 들어 도자기 굽기나 컴퓨터 활용과 같은 각종 수업이 많았다. 또 동료 상담도 받아야 하고, 장애인 성교육도 따로 받아야 했다. 3개월을 꼬박 모범생처럼 지내고 졸업했다. 국립재활원, 이곳은 제2의 학교이자 집이었고 나의 생활에 터닝포인트가 됐다. 혼자 살 수 있는 기반을 만들어 준 덕에 그야말로 환자에서 생활인으로 바뀌는 계기가 되어주었다.

첫 번째 도전,
자립

독립 생활이 본격적으로 시작됐다.

독립 후, '일을 해야 생계가 안정되지 않을까'라는 고민에 빠졌다. 그러다 문득 말을 잘한다는 나의 장점을 살린 직업을 가지면 어떨까 하는 생각에 강의를 선택했다.

장애발생예방 강사 교육을 받은 후 강사로 발탁이 되어 강의를 시작했다. 사고로 인해서 척수 손상이 일어날 수 있으니 조심하라는 차원에서의 교육이었는데, 장애인 당사자였기에 가능한 수업이었다. 주로 학교나 기관에서 강의를 시작하다가 외부 활동도 하게 되면서 돈도 더 벌 수 있었다. 덕분에 이사한 곳에서 정착하는 데 드는 생활비를 마련할 수 있었다.

강사 활동으로 자신감을 얻고 나니 말하는 직업으로 본격적인 직장생활을 할 수 있을 것 같았다.

통신사 상담원 지원 자격을 살펴보니 까다롭지가 않아 지원했다. 다행히 서류는 통과해서 면접을 보러 갔다. 이른 새벽부터 일어나 준비해서 도착한 면접장은 계단으로만 되어 있어 휠체어 바퀴를 굴리지 못하는 상황이 발생했다. 하는 수 없이 경비 아저씨의 도움을 받아 면접장에 들어갈 수 있었고, 당황했던 것도 잠시, 질문에 대한 답변도 여유롭게 잘 했다. 당시 면접 담당자가 "만약에 출근한다면 혹시 필요한 것은 없냐?"고 물어보자 "상담하는 데는 문제없다. 휠체어가 다닐 수 있는 편의시설만 있으면 된다"고 하니 흔쾌히 알았다고 했다. 하지만 다음날 면접담당자는 내게 전화해 불합격을 통보하며 편의시설이 되어 있지 않아 채용이 어렵다고 했다. 이는 정당한 편의제공을 거부한 장애인 차별이다. 지금이었으면 인권위에 진정서를 제출했을 것이다.

나는 차별에 굴하지 않고 또 다른 곳에 지원서를 냈다. 이번에도 운이 좋았는지 서류 전형에서 통과해 면접을 보러 갔다. 면접이 수월하게 진행되었는데, 알고 봤더니 당시 면접관의 부모님이 장애가 있었던 것이다. 그래서 내가 휠체어를 타고 면접장에 나타난 것을 이상하게 보지 않았다. 그 덕분에 합격해서 동료들과 재밌는 직장생활을 할 수 있게 되었다. 비장애인과 섞여 놀다 보니, 그 순간만은 내가 장애인인 걸 잊기도 했다. 동료들도 내 장애를 신기하게 여기지 않았기에 점심도 편안하게 같이 먹고, 회의도 남들과 똑같이 했다. 나중에는 비장애인 동료들이 내 집으로 찾아와 저녁 늦게까지 놀고 가기도 했다. 직장생활을 하며 친해진 동료들끼리 모여 이곳저곳으로 놀러 다니기도 했다. 그때 '장애인이든 비장애인이든 섞여서 살면 똑같구나'라는 생각을 했다. 이때가 대략 2006년경이다. 상담원으로 일하는데, 동료들은 고등학교를 졸업하고 대학교에 진학하지 않은 상태로 입사한 경우가 많았다. 그곳에서 나는 나보다 어린 동료들의 인생 상담도 해주었다. '최혜영이 남의 얘기를 잘 들어주고, 조언도 잘 해준다'는 입소문이 나서 나를 찾아오는 고객(?)까지 여러 명 생겼다. 덕분에 나는 친구들을 많이 사귀게 됐고, 그들과 늦게까지 우리 집에서 수다를 떨 수도 있었다.

　나의 또 하나의 강점이라면 운전을 할 수 있다는 것이다. 그것도 운전을 즐기면서.

　차를 개조해 핸드컨트롤(수동 운전보조장치)을 달아 뒤로 잡아당기면 액셀러레이터 역할을 하며 전진하고, 앞으로 밀면 브레이크가 되어 차량이 멈추는 시스템이다. 원하는 곳이 있으면 어디든 갈 수 있으니 나의 이동권 보장에 차가 한몫을 톡톡히 했다. 그리고 내가 운전하는 차를 탄 친구들, 그리고 동료들과 함께 즐거운 시간을 보내기도 했다.

  이 장점은 국회의원이 되고 나서 한층 빛을 발했다. 시민들과 간담회를 하기 위해 전국을 다닐 때에도 운전면허가 없는 보좌진들을 대신해 장거리 운전도 마다하지 않았다. 내가 운전하는 차가 편안한지 피곤에 절은 보좌진들은 세상 모르고 잠에 빠졌고, 그 모습을 보며 혼자 싱긋이 웃던 때가 생각난다.

3

도전의
도전

장애인과 함께
어울려 사는 세상 만들기

　장애를 가지고 살면서 가장 힘들었던 것은 나의 신체적 장애보다 나를 바라보는 따가운 시선이었다.

　장애인으로 살아가는 나의 삶은 불행하지도, 또 불쌍하지도 않다. 나는 너무나 행복하게 잘 살아가고 있지만, 일부의 사람들은 여전히 장애를 부정적으로 생각하고 나를 동정의 대상으로 바라보곤 한다.

　이런 시선이 불편하지 않다면 거짓말이겠지만, 원체 긍정적인 나는 절망에 빠져있기보다 문제를 해결할 수 있는 방법에 대해 생각했다. '생각, 바꾸면 돼!', '부정적 인식, 긍정적으로 변화시키면 돼!'

　장애인이지만 나의 밝고 활발한 모습들을 보여주고, 사람이 살아가는 모습은 제각기 다르듯 나 역시 다양한 방법으로 살아가는 사람 중에 하나임을 알리면 조금씩 장애에 대한 인식이 변화하지 않을까 생각했다. 최혜영! 나는 생각에서 멈추지 않고 곧장 실천한다. 또 거침없는 도전이 시작됐다.

처음에는 센터를 만들리라고 생각지 못했다. 하지만 장애인 당사자들이 직접 인식개선강의를 하면 교육의 효과도 좋고, 또 중증장애인이 교육강사라는 직업을 가지면 소득도 늘지 않을까 해서 2009년 중증장애인 당사자들을 모아놓고 한국장애인식개선교육센터 '어울림'을 만들었다. 처음부터 번듯한 사무실이 있었던 것은 아니었고, 블로그 형태로 센터를 운영한 것이 첫 시작이었다. 블로그에 올린 홍보물을 보고 기관, 학교, 기업 등이 교육 신청을 하면서 점점 센터도 자리를 잡아갔다.

센터를 운영할 때 나의 목표는 두 가지였다. 첫째, 무조건 장애 당사자가 인식개선강의를 한다. 둘째, 장애인도 직업을 가질 수 있도록 돕는다. 이러한 다짐을 한 이유는 중증장애인이 일을 할 수 있는 제도나 체계가 여전히 우리 사회에 부족하기 때문이다. 하지만 강의를 하면 어느 정도의 경제적 자립이 가능해지고, 자존감도 높아질 수 있으니 도움이 될 것이라는 확신을 갖고 사업을 시작했다. 처음에는 10명으로 시작했으나 지금은 50명가량이 됐고, 이제는 어울림 센터의 강사가 되려면 여러 단계의 과정을 이수해야 한다. 이론, 실기, 심화, 마지막에는 시연 강의까지. 이 모든 과정을 통과해야 교육강사로 활동할 수가 있다. 요즘은 자체 교육 프로그램을 활용한 공공기관 연계 사업도 진행하고 있다는 소식을 들었다. 내가 없어도 우리 강사들이 열심히 활동한 덕분에 '어울림' 센터는 10년 넘게 안정적으로 유지되고 있다.

나 역시 국회에 들어오기 전까지 센터를 운영하면서 동시에 전국을 다니며 장애인식개선교육 강의를 했다.

10년 넘게 활동한 덕에 여러 경험과 지식이 쌓여 알아주는 장애인식개선교육 명강사로 꼽혔다. 자찬이 아니다! 보건복지부가 인식개선교육 명강사 상도 주었으니, 나름대로 '인증된' 명강사인 셈이다.

자주한 강의 주제는 '장애인과 비장애인이 함께 어울려 사는 세상 만들기'였다. 나는 비장애인과 장애인의 삶을 모두 경험했다. 장애가 있든 없든 나는 '그냥 최혜영'이다. 그리고 대한민국 국민이며 사회구성원임에도 변함이 없다. 하지만 장애인이라는 이유로 차별받거나 사회구성원으로 인정받지 못할 때도 있다. 강의에서 말하고 싶은 건 '우리는 똑같은 사람이다. 그리고 누구나 다 살아가는 모습과 방법이 다르다. 장애인도 역시 다른 사람들과 살아가는 방법과 모습이 조금 다를 뿐 똑같은 사람이다'라는 것이다.

  이러한 나의 경험을 토대로 한 강의가 장애인에 대한 인식을 일시에 바꾸지는 못하겠지만 10년, 20년 후에는 누구도 차별받지 않고, 누구나 편안하고 행복한 사회에서 모두 함께 어울려 사는 세상이 될 것이라 기대해 본다. 그리고 언젠가는 장애인식개선교육이 필요 없는 그 날이 오기를 간절히 바라고 있다.

새로운 학문에
도전하다

2007년에는 서울여자대학교 사회복지학 석사과정에 입학했다.

발레에 인생의 승부수를 걸어보려 했으나, 교통사고로 인해서 장애를 갖게 되었으니 학부 전공을 진전시키기에는 무리가 있었다. 그래서 삶이 힘든 누군가에게 도움이 될 수 있는 사회복지사가 되자고 생각했다. 하지만 대학원을 갈 때도, 또 공부를 하면서도 많은 고민이 있었다.

학부 시절부터 사회복지학을 공부한 동기들과 달리 나는 전공에 대한 개념이 서 있지 않으니 선행학습을 하는 것은 당연한 일이었지만, 그마저 쉽지 않았던 것이 무용학에서 배웠던 용어와 사회복지학에서 사용하는 용어가 서로 달라 힘들었다. 또, 대학원에 온 동기들은 대체적으로 사회복지현장에서 일을 하다 온 경우가 많았다. 조직에서 진급하기 위해서 또는 학위를 따기 위해서 온 친구들이 대부분이었다. 그런데 무용을 하던 내가 사회복지학을 공부하러 왔으니, 그야말로 맨땅에 헤딩을 하는 기분이었다. 한편 석사과정을 이수하려면 취득해야 하는 과목들이 있는데, 용어를 모르니 이해하는 것부터 쉽지 않았다. 차라리 외우기만 하면 쉬울지 모르겠지만 개념에 대한 이해를 해야 하니 어렵고, 집중도는 당연히 떨어질 수밖에 없었다. 이를 극복하고자 침대에 상을 펴놓고 공부했다. 지치면 바로 누워서 자고, 자다가 일어나면 바로 공부를 할 수 있는 환경을 만들어야 간신히 수업을 따라갈 수 있었기 때문이다. 졸업시험도 통과해야 해서 그야말로 '미친 듯이' 공부를 했다. 그 와중에 센터까지 운영해야 해서 하루하루가 쉽지 않았다. 이때가 내 인생에서 가장 바쁜 시절이었다고 자부한다. 강의를 했고, 사람들을 모아놓고 리더 역할도 해야 했고, 또 장애인을 가르치는 역할을 하다가 내가 학생이 되기도 했으니, 남들이 볼 때는 워커홀릭, 팔방미인이 따로 없었을 것이다.

　이렇게 바쁜 와중에서도 내 능력과 관심이 학업으로만 뻗어 나갔던 것은 아니다. 뮤지컬 공연도 하고, 심지어 장애인 아나운서 양성 교육을 받고 장애인단체에서 운영하는 방송에서 아나운서로도 활동했었다. 당시에는 눈코 뜰 새 없는 일정에 정신이 없었는데,

이때 배운 원고 읽는 법이나 발성법을 원내대변인 활동에 활용하니 세상에 쓸모없는 경험이나 배움은 없는 셈이다.

학업도 마찬가지였다. 한창 석사과정에 있을 때, 공부하는 게 너무 힘들어 '여기서 그만하자'라고 생각한 적이 있다. 하지만 인식개선 교육을 하다 보니 내가 학문적으로 부족하다는 느낌을 받았다. 이 무렵부터 본격적으로 '장애란 무엇인가'에 대해 진지하게 고민했고, 실제 현장에 나가서도 상담을 해야겠다는 다짐을 했다. 특히나 자신이 병원 생활을 너무 오래 하다 보니 사회복지 시스템을 알아야 할 필요도 있었다. '장애와 비장애를 구분할 필요 없이 주체적이고 동등한 인간으로 사회에서 서로 어울리며 살아야 하지 않을까', '그러려면 재활 과정에 대한 이해가 필요하지 않을까'하는 생각에 결국 또 재활학 박사과정에 도전했다. 이것 역시 운명이리라.

천안에 위치한 나사렛대학교 재활학 박사과정에 입학할 때도 면접 경쟁률이 제법 높았다. 재활학이니 장애계에서는 인기가 많았다. 면접과 입학시험을 치를 때 다행스럽게도 내가 자신 있게 대답할 수 있는 문제가 나와서 행운이다 싶었다. 중도 장애인이자 센터를 운영한 당사자였기에, 이 문제에 대해서만큼은 술술 답할 수 있었다. 당시 면접을 보셨던 교수님도 이 분야에 관심이 많으셨던지라 문답이 수월하게 이뤄졌고 무난히 합격 통지를 받았다. 다만 문제는 나사렛대학교가 천안에 있어서 박사과정 내내 서울과 천안을 오가는 수고를 감수해야 한다는 것이었다.

이상하게도 내가 일이나 공부를 하기 위해 이동해야 하는 곳은 평소 생활권과 먼 곳이 많았다. 그래서 운전을 하며 길 위에서 버리는 시간이 많았다. 그때마다 남편의 운전기사 찬스를 많이 활용했다. 박사과정을 밟았던 나사렛대학교도 그렇고, 나중에 교수로 임용된 강동대학교도 내가 살던 곳과는 거리가 멀었다. 집에서 100km 이상 운전하고 가야 하는 곳에 있었으니까. 하지만 학생들을 만나 강의를 하며 나 역시 에너지를 얻는 기쁨이 컸기에 마냥 힘들지만은 않았다.

재활학이라고 하면 사람들은 물리치료 정도를 생각할 것이다. 하지만 이것은 재활학을 좁게 이해하는 것이다. 의료 재활을 제외하고도 사회재활, 교육재활, 심리재활, 직업재활 등 그야말로 사회의 모든 분야에 재활이라는 개념이 적용될 수 있다. 치료 이후에도 잘 살아가기 위해서는 경제활동을 하고, 학업도 이어가야 하기 때문이다. 하지만 우리나라에서 '재활'은 의료적 관점으로만 해석되고 있다. 그러나 병원에서의 치료뿐만이 아닌 직업재활, 사회재활, 교육재활이 서로 연계되며 지원이 이뤄져야 장애인이 지역사회에서 비장애인 등과 함께 어울려 살아갈 수 있다. 하지만 우리나라에서는 아직까지 이런 시스템을 기대하기가 어렵다.

나와 같은 중도중증장애인들은 비장애인의 삶을 살다 예기치 못한 사고나 질병에 의해 장애를 가지게 된 사람들이다. 의료적 치료가 끝나고 원래의 일상으로 돌아가기 위해서는 장애를 수용하고, 사회참여를 위한 심리적·사회적 재활이 이뤄져야 하며, 이용자의 일상생활을 돕기 위한 편의시설이 생활환경 속에 설치해야 하며 학업연계, 진학 등의 교육재활, 경제적 활동, 원직장 복직 등의 직업재활이 원스톱으로 지원되어야 하는데 시스템 부재로 많은 중도장애인들이 필요 이상으로 장기간 병원에 입원해 있거나 사회 밖으로 나오지 못하고 칩거하는 경우가 많다.

나의 박사학위 역시 재활 시스템 문제를 제시한 박사논문으로 우리나라 여성 척수장애인으로서는 최초로 재활학 박사를 취득하는 쾌거를 누리게 됐다. 하지만 '1호 박사' 뒤에 숨겨진 눈물을 아시는지. 논문을 완성하기까지의 과정은 그 자체로 고통이었다. 비장애인이야 컴퓨터 키보드를 다루는 것이 쉽겠지만 나는 손가락을 자유자재로 움직이지 못해 그나마 힘이 있는 손가락으로 독수리 타법으로 한 지 한 자 써 내려가다 보니 손에 굳은살이 생기기도 했다. 나중에는 손가락이 움직여지지 않아 죽을 것 같은 고통에 시달리기도 했다. 지금이야 음성인식이 가능한 프로그램을 활용해서 타이핑을 하지만, 당시만 해도 그런 장치가 없었던 지라 무척 힘들었다. 이런 고난의 과정을 거쳐서 취득한 소중한 학위다. 이런 것을 보면 나 최혜영은 '한다면 하는 사람'이다. 어떻게든 해내는 사람 말이다.

국회에 와서는 이러한 경험을 살려 원스톱 시스템을 수립해 실효성이 높은 정책을 만들고자 노력했고, 지금도 실질적인 정책으로 반영될 수 있도록 노력 중이다.

"최혜영 교수님~"
잊히지 않는 학생들의 목소리

박사를 졸업하기 직전인 2014년, 충북 음성에 있는 강동대학교 사회복지 행정학과 조교수로 임용되어 학생들을 가르치게 되었다. 교수직이 적성에 잘 맞았고 학생들과 수업할 때 가장 행복해 이것이 내 평생의 마지막 직업이 되리라 생각했었다.

쑥스럽지만 교수 시절 학생들에게 인기가 많았다. 왜냐하면 다른 교수님들보다 내가 상대적으로 나이가 젊어서였을까? 학생들과 공감대를 형성하기가 쉬웠다.

나는 이론만 강의하는 것을 넘어서 사회복지 현장까지 경험한 교수이다 보니 학생들을 실습현장에 보내는 등 조력자 역할도 했다.

가장 기억 남는 수업이 있다. 〈가족복지론〉 수업이다. 첫 수업

날 돌아가면서 가족에게 전화하는 시간을 가졌다. 가족 중 아무에게나 전화해서 "사랑합니다"라고 하면 어떻게 답변이 오는지 들어보는 시간이었다. 그것도 모두가 들을 수 있게 '스피커폰'으로 전화를 하도록 규칙을 정했다. 상대방이 전화를 받으면 "사랑해"라고 말하고, 상대방의 응답을 기다리는 것이다. 이때 "나도 사랑해" 하며 즐겁게 전화를 받아주는 부모가 있는 반면에, "너 오늘 왜 그래? 사고 쳤어?"라며 반문하는 경우도 있었다. 학생들의 폭소가 터져 나왔다.

부모님과 가족에게 이런 표현을 처음 해본 친구들도 있었다. '나도 사랑해'라는 말을 듣고 서로 울었던 가족도 있었다. 가족이라 해도 마음속에 있는 애정을 표현하기 어려워서 또는 서로의 아픔을 너무 조심스럽게 바라본 탓에 그간 사랑한다는 말을 하지 못해서였을 수도 있다. 나조차 부모님께 "사랑한다"고 말해본 적이 언제였나 싶다. 나도 학생들에게 모범을 보여줘야겠다 싶어 남편에게 전화를 걸어보았다. 내가 "여보 사랑해"라고 했더니, 남편이 "뭐 잘못 먹었냐?"라고 답해 씁쓸했다. 그래서 "끊어"라고 하며 급하게 종료 버튼을 눌렀더니 학생들의 웃음보가 터져 '웃픈' 상황이 연출되기도 했다.

이렇게 강동대학교에서 사랑스러운 학생들과 6년 가량 함께 생

활했다.

  지금은 국회에 들어오게 되면서 사직서를 제출한 상태지만, 평생에 교수로서의 삶을 살 수 있는 기회가 주어졌던 것은 지금도 감사하게 생각한다.

친구, 동료, 그리고 남편

우리는 동갑내기 친구, 장애도 같은 척수장애, 혈액형도 같은 AB형, 휠체어도 똑같은 주황색. 누구냐고? 우리 남편 이야기다. 남편 역시 해외여행 중 다이빙 사고로 중도장애인이 됐다. 사고 전에는 수영선수였고, 나 역시 발레를 했으니 통하는 게 많은 친구였다.

남편과는 병원에서 처음 만났다. '재활 선배'인 내가 척척 일상생활을 해내는 것을 보고 남편의 누님이자 지금의 시누이인 언니는 "너도 저렇게 해봐", "저 친구는 저렇게 잘 해내는데 너는 왜 못하냐"며 구박과 비교를 해댄다고 남편은 "너 때문에 힘들어 죽겠다" 한탄하여 티격태격대곤 했다. 하지만 싸우면서 드는 정이 무섭다고, 어느새 그는 나의 가장 친한 친구이자 연인이 되어 있었고, 우리는 4년간의 연애 끝에 부부의 연을 맺게 되었다.

한편 이러한 인간관계가 나와 남편의 장애로 인해 연결된 것이라 생각하면 신기하게 느껴질 때가 있다. 둘 다 장애가 있었기 때문에 결혼은 꿈꾸지 않았는데, 되려 그 장애가 새로운 가족을 형성하게 한 계기로 작용했으니 인생이란 참으로 알 수가 없다. 게다가 좋은 분들과 가족을 맺었으니 얼마나 복된 일인가. 내 언니와 그의 누나가 동생들 간병으로 자신들의 청춘을 바쳤는데, 그 이유에선지 두 분 역시 사이가 좋다. 또 그 관계가 닮은 꼴로 이어지니 놀라울 따름이다.

우리 부부를 보며 혹자는 '둘 다 중증장애인으로 살기 힘들텐데'라며 안타까워하기도 하고 걱정하기도 한다.
하지만 남편과 나는 '우리가 제일 행복하게 잘 사는 것 같아'라고 자주 말하곤 한다.
남들에겐 장애 때문에 힘들어 보일지 모르겠지만 우리는 서로의 장애를 잘 이해하고, 의지하며, 든든한 지원군이 되어 행복하게 살고 있다.

3. 도전의 도전

최혜영,
모델이 되다

　최혜영, 이제는 하다 하다 광고 모델까지 한다! 보건복지부 장애인식개선 홍보 공익광고였다.

　당시 TV광고의 카피는 '춤추는 방법과 모습은 달라도 똑같다'는 것이었다. 휠체어 타기 전에 발레를 했던 모습, 휠체어 타고 춤을 추는 모습, 마지막으로는 비장애인 발레리나와 함께 춤추는 모습을 촬영하는 콘셉트였다. '와 내가 광고 모델이 되다니' TV에 나오는 모습이 너무 신기했다.

　더 행복(?)했던 건 다음 광고는 영화 〈말죽거리 잔혹사〉에 출연했던 멋진 이정진 배우와 함께 찍었다는 것이다. 지금 생각해도 그때 촬영은 너무 행복했던 시간으로 기억돼 떠올릴 때마다 입가에 미소가 절로 나온다.

2018년에서 2019년 사이에는 ㅁㅁ물산 의류 모델로도 활동했다. ㅁㅁ물산에 장애인의류팀이 생겼는데, '장애인들이 입을 편한 옷을 만들자'라는 콘셉트로 의류를 제작한다고 했다. 형태는 세미정장에, 장애인이 입고 벗기 쉬운 고품질의 의류를 만들자는 프로젝트였다. 그리고 장애인 모델을 선정하고 실제로 의견도 수렴해가며 의류 광고를 촬영했다.

나는 '하ㅁㅁ트' 브랜드의 최초 모델이 되었고 이후에도 ㅁㅁ물산에서 우리 센터 강사 중 몇 명을 모델로 추가 기용했다.

한편 이때 찍은 사진이 나중에 국회의원 프로필 사진으로, 또 안성 사무실 개소식 때 활용될 줄은 몰랐다. 개소식을 앞두고 보좌진들이 내 화보 중 베스트컷 투표 코너를 만들기도 했다. 원본이 없다는 소식을 들어 불가능하다 생각했는데 어떻게든 구해서 베스트컷 투표를 하겠다며 작전을 짜던 모습이 눈에 선하다.

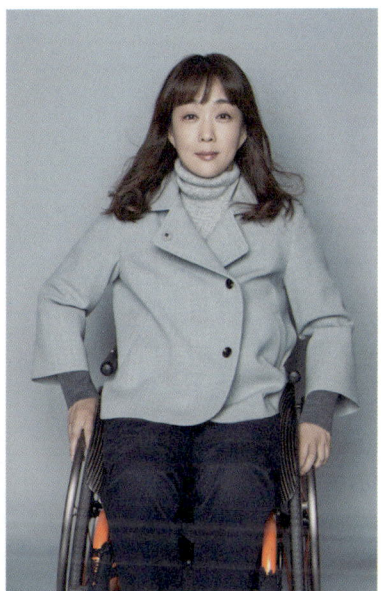

3. 도전의 도전 | 089

4

세 번째 도전,
정치인 최혜영

영입인재 1호로
세상에 알려지다

어느 날, 민주당으로부터 전화 한 통을 받았다. 내용은 "한번 만나자"는 것이었다. 의외의 기관으로부터 온 전화에 어안이 벙벙했지만, 정작 당황스러운 일은 만남 직후에 이뤄졌다. 정치와는 아무런 접점도 없던 나를 영입인재로 모시고 싶다는 것이었다.

지금에서야 하는 말이지만 나는 원래 정치를 할 생각은 없었다. 그런데 당의 전화를 받고 고민하던 내게 남편이 '잘할 수 있을 거야, 한번 도전해봐'라고 자꾸 권했다. 남편은 원래 그런 사람이 아닌데 계속 나를 설득하니 신기하기도 하고, 가족들 역시 무조건 응원하겠다며 환호하니 겁이 날 지경이었다. 하지만 남편의 지지와 가족의 지원 덕에 결심을 굳혔다.

후일 관계자에게 귀띔으로 들은 이야기는 당에서는 적합한 인재

상을 찾으려고 많은 노력을 기울였다고 했다. 특히 현업에서의 전문성이나 자신만의 이야기를 갖고 있는 사람을 찾았다고. 정치 활동을 전혀 해본 적이 없는 내가 영입인재 1호로 뽑혀 의아했었는데, 관계자의 그 말로 의문이 다소나마 풀렸다.

긴 고민 끝에 인재영입을 수락하고, 당내에서의 검증을 받기 위해 장시간의 인터뷰를 거쳐 드디어 2019년 12월 26일 민주당 영입인재 1호 신고식을 시작으로 나는 세상에 알려졌다. 신고식이 끝난 후 지인들의 폭탄 전화와 인터넷 포털사이트 실시간 검색 1위를 오르내리고 나서야 정치계로 발을 들인다는 사실이 부쩍 실감이 났다.

앞서 말했듯 나는 정치 초보여서 모르는 게 많았다. 그래서 영입인재들과 함께 정치 공부를 하자고 해서 각 분야에 대해 의견을 나누는 간담회도 하고, 전·현직 국회의원들이 오셔서 정치사를 얘기해주시기도 했다. 정치에 대한 공부를 하면서, 또 점점 인터뷰에서 '왜 정치하게 됐냐'는 질문에 답할 기회가 많아지며 보다 진지하게 '나는 왜 정치를 하는가'에 대해 고민하게 됐다. 선거를 치르며 현장과 국회 사이에 괴리가 있다는 것도 알게 됐지만, 장애 당사자

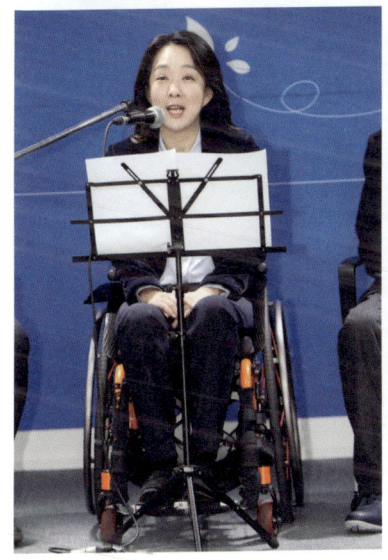

인 내가 현장과 국회를 연결하는 징검다리가 되어 약자를 대변하는 역할을 한다면 정책과 제도가 좀 바뀌지 않을까 기대도 했다. 그리고 또 누군가는 나를 보고 "저렇게 평범한 사람도 국회의원을 하는데 나도 할 수 있지 않을까?"라는 기대를 줄 수 있을 거란 생각에 정치판에 뛰어들게 됐다.

의원 배지를
달다

대한민국 21대 비례대표 국회의원 당선!

선거에 당선된 다음 날, 여기저기서 축하 메시지를 많이 보내주셨다. 우여곡절 끝에 의원이 되니 책임감도 크게 다가왔다. 국회에 들어와서 내가 할 수 있는 것은 장애인 비례대표 국회의원으로 장애 분야와 관련한 것들이었다. 의원이 되고 또 장애계를 대표해야 된다는 책임감 때문에 부담감이 유난히 큰 날도 있었다.

국회의원이 되면 맨 처음 국회로 가서 당선증과 배지를 받는다. 그런 다음 의원실을 배정받는다. 의원실 정리가 끝나면 다음으로 보좌진을 구성한다. 이를 구성할 때는 주로 국회 경력이 있는 보좌진이나 당직자, 또는 선배의원들께 자문한다. 내 경우에는 주로 복

지 영역 쪽 정책을 펼칠 가능성이 높아 이쪽 분야에 전문성이 있는 보좌관 두 명을 요청했고, 복지위에서 잔뼈가 굵은 선임비서관 출신 직원 두 명이 보좌관으로 오게 됐다. 그리고 9명의 직원을 채용하여 647호 최혜영 의원실은 하나의 완전체가 되었다.

첫인사를 나누기 위해 전체 보좌진들과 식사시간을 가졌는데, 서로 처음 보는 사이들도 있어 분위기는 어색하고 삭막했다. 적막 속에 말없이 음식이 씹히는 소리만 들렸다. 그랬던 우리 의원실 사람들이 요즘은 정신없고 수다스럽다. 어찌나 하고 싶은 말들이 많은지! 순번을 정해서 말을 해야 할 정도다. 그래서 가끔 그때가 그립다. 하지만 보좌진들은 내 말을 오해하지 않기 바란다.

코로나19와 함께 한 전반기 국회

보건복지위원회 초창기에는 장애 관련 정책을 위해 온갖 기관과 단체에서 우리 의원실로 제안서를 보내왔다. 하루 이틀만에 볼 수 있는 양도 아니어서 틈틈이 검토하고, 회의하며 보좌진과 상의 끝에 법안을 만들곤 했다. 국정감사 때가 되면 잘못된 제도를 개선하라며 지적하는 경우가 많았다. 대부분 장애인 당사자나 장애아동을 비롯해 노인이나 여성 등 취약계층과 관련한 정책질의를 이어왔다.

초창기 보건복지 분야에서 이슈가 됐던 것은 단연 코로나19였다. 나는 그중에서도 장애인과 팬데믹에 대해 많은 질의를 했다. 장애인들이 백신 접종과 관련해 겪는 어려움, 예컨대 백신을 맞을 보건소나 병원의 편의시설은 잘 설치되었는지, 접종 후 어떻게 관리하고 이상반응이 있을 때는 어떻게 도움을 청해야 하는지 등에 대한

정보를 제공하거나 마련하는 일이 잘 진행되고 있는지 살펴봤다. 팬데믹을 겪으며 장애인들이 겪는 어려움에 대해서도 질타했다. 일례로 장애인들도 코로나에 걸리면 음압병동으로 이송되어야 하는데, 시설이 마땅치 않아 앰뷸런스에서 장시간 대기해야 했고, 결국 집으로 돌아가는 일이 발생하면서 코로나 감염 장애인을 어떻게 지원해야 할지 대책 마련을 주문하기도 했다. 이처럼 국회에 입성한 첫해에는 주로 코로나와 관련한 의정활동을 많이 했다. 이듬해부터는 의료진 부족, 간호사 인력난 등등이 지속적인 문제로 불거져 나 역시 목소리를 보탰다.

코로나19가 감소세에 들자 후속 조치를 위해 롱코비드 대응 3법을 발의했다. 하나는 긴급 사용 승인을 받은 의약품으로 인해 사망, 질병 등이 발생할 시에도 국가가 피해를 보상하는 것이고, 또 하나는 코로나19 등 감염 병력이 있는 사람에 대해 정기적인 건강검진을 받도록 하는 것이다. 이 중 일부는 통과 됐지만, 나머지는 위원회에 계류 중이다. 코로나 발생 후 3년, 포스트코로나 시대에 걸맞은 정책이 작동할 수 있도록 조속히 법안이 통과 되어야 할 것이다.

모두를 위한
유니버설 디자인

　내 의정활동의 핵심은 사회적 약자 또는 소외계층의 삶을 좀 더 개선하고 권리를 두텁게 보장하자는 데 있다. 앞으로도 이러한 방향성을 갖고 활동을 지속할 것이다. 구체적으로는 장애와 비장애의 구분이 없이 모두가 다 편안해지는 세상을 만드는 것이 나의 꿈이다. 국민을 대표해서 국회에 들어와 의정활동을 하고 있는데 의원이라고 해서 특별한 게 어딨겠는가. 특권을 내려놓고 시민의 삶으로 들어가면 개선할 것들이 많이 보인다. 그러면서 잘못된 시스템을 개선해가거나 보완하면 모두가 안전하고 평등한 일상을 살 것이라 확신한다. 장애 여부가 아니라 '누구나'를 위한 정책을 펼치는 것이 내 목표다. 한국 유니버설 디자인 대상을 수상한 것은 장애인만을 위한 편의시설이 아니라 유니버설, 그야말로 장애·비장애의 구분 없이 누구나 편안하게 시설을 이용할 수 있는 세상을 만들자는 주장을 꾸준히 해왔기 때문이다. 하지만 실상은 우리 국회부터 유니버설 디자인에 적합한 시설을 설치하지 않고 있었다. 다만 내가 복지위 상임위원이 되었을 때, 당시 위원장이었던 김민석 의원께서 상임위 입구의 문턱을 없애주셨다. 출입이 편하도록 배려해주신 덕분이다. 본회의 단상도 장애인이 쉽게 이용할 수 있게끔 개조했다. 이처럼 불편을 제기하지 않으면 시설이 개선되지 않는다는 것도 알게 되었다. 이런 움직임을 우리 국회의원들이 보여줘야 한다. 유니버설 디자인이라는 것은 장애인만을 위한 편의가 아

니라, 장애인과 비장애인이 더불어 살아가는 사회적 디자인을 구축하자는 것이다. 유니버설 디자인이라는 개념이 어렵다면, 흔히 볼 수 있는 저상버스를 떠올려보자. 저상 리프트가 내려왔을 때 휠체어만 타는 게 아니다. 유아차도 올라가고 할머니의 보행보조기도 올라가고, 이동에 있어 불편함을 보완해주는 모든 수단들이 다 올라갈 수 있다. 처음부터 이런 인식을 갖고 이용시설을 만들면 되는데, 비장애인의 기준으로만 세상을 보기 때문에, 기존 시스템을 바꾸려니 과정이 복잡해지는 것이다.

같이,
그리고 함께

하루아침에 장애인에 대한 인식이 바뀌는 데는 사실 무리가 있다. 한 가지 묘안이 있다면 장애인과 함께 하는 시간을 늘려보라는 것이다. 내 경우에는 함께 활동하는 의원님들의 인식부터 바꿔보고 싶었다. 그래서 일부러 의원님들을 자주 만나려고 했고 식사 자리에도 최대한 참석하려 했다. 휠체어를 밀어보게도 했다. 다른 의원님들과 마주할 자리가 생기면 장애와 비장애가 다르지 않다는 얘기를 부러 많이 했고, 굳이 말을 하지 않아도 내 모습을 보고 "아. 저런 게 장애인의 일상이구나"라는 생각이 들도록 했다. 더불어 '장애에 대한 인식과 접근방법을 달리하면 무슨 일이든 함께 할 수 있겠구나'라는 인식을 심어주고자 했다. 그래서 의원님들께 더 다가가려고 했는데, 내 취지를 알아챈 의원님들은 한 번이라도 더 휠체어를 밀어주려 하셨고, 도로의 울퉁불퉁한 지면에 본인이 더 분개해주시기도 했다. 지면으로나마 고마움을 표하고 싶다. 한편 나도 장애인 당사자이지만 다양한 장애의 특성을 모두 알 수는 없다. 나부터도 장애인에 대한 시각을 넓힐 필요가 있고, 장애 간 차이에 대해 인식개선도 필요하다고 느낀다. 이 부분이 해결되려면 더 많은 장애인 당사자들이 정치계로 나와야 할 것이다. 목소리를 높여야 하는 대표자가 생겨야 정책 결정자와 만날 수가 있고, 대담도 할 수가 있다. 그러면 일차적으로 당내에서부터 장애인에 대한 의식이 바뀔 가능성이 크다. 하지만 아직은 녹록지 않다.

예를 들어 당에서 주관하는 행사를 가보면 장애를 인식하는 분위기를 대충 가늠할 수가 있다. 인식개선이 되지 않은 까닭에 휠체어가 올라갈 수 있는 경사로가 없어도 이것이 문제라고 생각하지 않는다. 계단이 있으니까 다행이라고 생각하는데, 그것은 비장애인의 입장만을 고려하기에 그렇다. 그래서 나는 일부러 당 내외의 행사에 적극적으로 참여해 바꾸어야 할 것들을 해당 기관에 요구하기도 했다. 수해가 났을 때도 내가 가면 복구작업을 하는 데 방해가 되지 않을까 싶다가도, 내가 직접 현장에서 움직여야 장애인도 어떠한 역할을 할 수 있다는 생각을 하지 않을까 해서 참여했다. '같이, 그리고 함께' 한다는 것이 무엇보다도 중요하다는 인식을 심어

주기 위해서였다. 그래서 나는 어떤 행사든 함께하려는 시도를 멈추지 않고 있다.

함께하는장애인위원회의
영원한 동지, 김밥

20대 대통령선거에 동참하게 됐다. 이재명 후보님은 물론 민주당 선배·동료의원님들과 함께 대선을 치러냈는데, 이 과정에서 장애인 정책을 총괄하며 전국을 누비게 됐다. 특히 대선 공약 중에서 장애인과 관련한 공약은 나와 동료들이 꾸린 조직인 '함께하는장애인위원회'를 통해 정리됐다. 이 외에도 부위원장 자격으로 참여한 복지분과가 많아 다양한 대상을 위한 공약을 만드는 데 투입됐다.

피곤하다 못해 어느 도로 위를 달리고 있는지도 모르는 상황에서도 대선을 치르기 위해 전국을 돌아다녔다. 20일 동안 3만km를 달렸으니 오죽했으랴. 그때 먹은 김밥만 해도 어마어마한 양이었다. 치열하게 선거운동을 하다 보니 밥 먹을 시간도 없어, 이동하는 차 안에서 김밥으로 끼니를 해결했다. 이때 전국에 있는 김밥집은 다 들렀을 것이고, 수많은 종류의 김밥을 맛봤다고 자신한다. 이 정도면 함께하는장애인위원회가 아니라, 함께하는김밥위원회는 아니었는지.

4. 세 번째 도전, 정치인 최혜영 | 113

최혜영이
갑니다

2021년부터 간담회를 하기 위해 전국을 돌기 시작했다. 이것은 내 공약이기도 한데, 국회의원이 되고 나서 현장의 목소리를 듣겠다는 취지였다. 그래서 실제로 전국을 다니면서 장애인들을 만나고 현장의 목소리를 들었다. '최혜영이 갑니다'라는 슬로건을 내걸고 장애인단체를 만나기 위해 전국을 돌았다. 이 프로젝트는 기존 국회의원 중 시도한 분이 없어 내가 최초라 자부한다. 이때는 닥치는 대로 각종 시민단체, 관련 기관 등 최혜영을 부르는 곳이라면 전국 어디든 찾아갔다.

'최혜영이 갑니다'로 전국을 돌아다니면서 정책 아이디어를 많이 얻었다. "현장에서 묻자, 그들의 말씀을 경청하자."라는 취지는 적중했고, 내가 앞으로 어떻게 정치를 해야 하는지 방향과 비전을 구축해 가는데 도움이 됐다. 내 욕심일 수도 있겠지만 복지 분야, 특히 장애와 관련한 모든 일과 정책, 법안을 알고 싶었다. 현장 활동가나 전문가들께 자료를 요청했는데, 자기일 마냥 정보나 의견을 많이 제공해주셨다. 이렇듯 장애계와 지속적으로 만나면서 간담회만 49차례 열었다. 이 많은 간담회를 1년에 치른 것이 아니라 단 석 달 만에 해냈다. '최혜영이 갑니다'를 하면서 일주일에 3일은 외부에 있었다. 간담회를 통해 의견을 수렴해서 이틀 동안 내용을 정리하고, 다음주가 되면 사흘을 나갔다가 이틀 동안 정리하고를 수차례 반복했다. 시급한 현안을 생각하면 쉴 겨를이 없었다. 함께 고생했던 우리 보좌진들은 이때를 언급만 해도 바로 눈물 바람이다. 그만큼 열정적으로 일했기 때문이리라. 짠하고 사랑스러운 사람들 같으니.

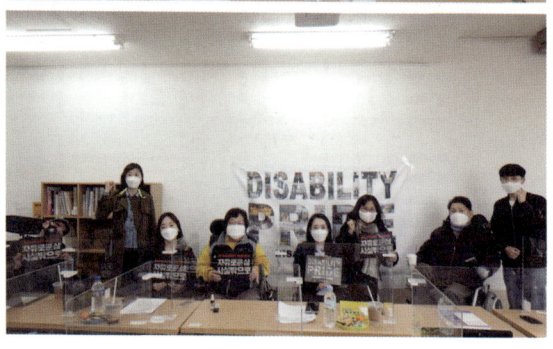

정치혐오를
없애자

　장애와 관련한 얘기를 많이 했는데, 우리나라 정치 혹은 당에서 경험한 정치에 대해서도 언급할 필요가 있겠다. 우리나라는 정치에 대한 신뢰도가 현저히 바닥에 떨어졌다고 봐도 과언이 아니다. 우리 국회의원들이 반성해야 할 지점이기도 하다. 실제로 지역에 내려가 보면 "너희가 하는 일이 뭐냐?"면서 대놓고 손가락질하는 어르신들이 종종 있다. 꾸지람을 듣는 것은 예삿일이고 욕설을 퍼붓는 경우도 많다. 그럴 수밖에 없다고 느낀 것은 국회가 '민생'을 강조하면서도 정작 국민들의 피부에 와닿는 변화를 만들어내지 못하는 경우가 많기 때문이다. 여야의 정쟁이 진행되는 동안에도 우리 사회에는 해결해야 할 사건이 수없이 쏟아지고 있다. 굶어 죽는 사람들, 부모로부터 버려진 아이들, 아이를 낳고도 키울 여건이 되지 않아 자식을 버릴 수밖에 없는 미혼모들…곪아 터지기 일보 직전에 있는 사회문제도 해결하지 못한 채, 야당이 한마디만 해도 여당이 발끈하며 무조건 싸우려는 태도를 보일 때면 답답하다. 열정적으로 싸울 시간에 문제를 해결할 대안을 마련하는 것이 낫지 않을까.

일단은 대화를 시작해야 한다. 대화를 해야 상대방의 속을 알 수가 있다. 안타까운 것은 윤석열 정부가 들어서고부터 여야 간 소통이 전혀 이뤄지지 않고 있다는 점이다. 여당의 대표는 물론이거니와 윤석열 대통령도 야당 대표를 만나 현안에 대해 논하지 않고 있다. 국민들은 얼마나 정치하는 사람들이 혐오스럽고 한심하고 답답하다고 느낄까. 뉴스나 다양한 매체에서 보도되는 정치인들의 행태를 보면 나 스스로도 반성해야겠다는 생각이 든다. "국회의원이 돼서 한 게 뭐가 있냐?"고 시민들이 물으시면 과연 나는 당당하게 무슨 답변을 할 수가 있을까.

빛나는 상장과
고마운 보좌진

　이처럼 21대 국회를 숨 가쁘게 보내고 있다. 바쁜 와중에도 2023년 10월 8일 기준 의정활동 중 총 176건의 법안을 대표발의했고, 1,563건을 공동발의를 했으며, 이 중에서 총 34건이 본회의를 통과했다. 그러다 보니 의정활동에 대한 상을 많이 받았다. 내가 잘했다기보다 우리 보좌진의 열정 덕분에 이뤄낸 성과라 해도 무방하다.

　지금까지 받았던 모든 상이 모두 소중하다. 그중에서도 특별하다고 말할 수 있는 것은 2022년 7월에 받은 '대한민국 헌정대상'이다. '대한민국 헌정대상'은 법률소비자연맹에서 매년 국정감사 우수의원을 뽑아 수여하는 상이다. 그다음으로는 2021년 6월에 받은 '대한민국 국회 의정대상 입법활동 부문 우수의원'상이다. '대한민국 국회 의정대상 입법활동 부문 우수의원'상은 1년간의 의정활동을 평가해서 성적이 좋은 의원에게 수여하는 상이다. 이 상들은 국회에서도 전통이 깊은 것이라 기억에 남는다. 이 외에도 '국정감사 NGO 모니터단 국리민복상'(2020, 2021, 2022년 – 총 3차례)이 있다. 국정감사 질의내용과 출석률 등을 놓고 평가하는 것인데, 매년 받아서 뿌듯하고 기뻤다. 2021년 11월에는 '더300 국정감사 스코어보드 대상'을 수상했다. 머니투데이와 법률앤미디어에서 최고법률상을 선정하는데, 장애인차별금지법과 장애인등편의법 개정안으로 수상하게 됐다.

나는 이 모든 수상의 영광을 우리 647호 식구들, 보좌진들에게 돌리고 싶다.

상을 받는 것이 쉽지는 않은데, 우리 보좌진들의 성취욕이 컸고 역량도 훌륭했기에 이뤄낼 수 있었다. 열정과 진심을 다해 나를 보좌해 준 우리 647호 식구들이 있었기에, 나는 빛나는 수상과 성과를 이뤄낼 수가 있었다.

먼저 서울 여의도 의원회관에서 나를 도와주는 보좌진들이 있다.

보좌관 둘은 나와 같은 사회복지사 출신이다. 우리 의원실의 총괄 박상현 보좌관, 복지부터 사회분야 활동까지 물심양면 조언해

주는 눈물 많고 말도 많은 이주영 보좌관에게 지면을 빌려 고맙다는 인사를 전한다. 또 꼼꼼한 일처리로 믿고 일을 맡길 수 있는 야무진 김지연 선임비서관, 의원실에 가장 늦게 합류해 장애와 사회복지 정책을 챙기는 낯가림 심한 박가영 선임비서관도 수고를 많이 해주고 있다. 수행은 물론 홍보까지 함께 하는 멀티 박소라 비서관, 우리 의원실의 기재부 장관이자 살림살이의 핵심인 신동희 비서관, 그리고 막내이자 정책을 보조하며 나와 선임들을 살뜰히 챙기는 김진이 비서관에게도 감사를 전한다.

다음은 누구보다 고생하고 있는 안성 식구들에게 고마움을 표하고 싶다. 지역사무실을 총괄하는 민규식 사무국장과 안성에서 모든 일정을 함께 수행하는 껌딱지 한재은 비서관, 또 조직을 관리하는 언니같은 김지안 비서관, 일정 조율의 달인 박상윤 비서관. 언제나 말로는 다할 수 없지만 마음만은 고마움으로 가득하다는 것을 여러분께 전한다. 앞으로도 함께 합시다.

마지막으로 지금은 더 이상 함께 일하지 않지만 우리 의원실을 떠나 영전하거나, 혹은 다른 진로를 찾아 떠난 고마운 옛 동료들에게도 안부와 감사를. 김지은, 김정훈, 박소리, 조아라, 변성욱, 가초롱, 안지현, 마지막으로 군대에 보낸 우리 막내 박성혁… "여러분 인생의 귀한 *순간* 중 한 부분을 우리 의원실에서 함께 해주어 고

맙습니다. 647호가 여러분에게 기쁨과 즐거움으로 더 많이 기억되길 바랍니다."

4. 세 번째 도전, 정치인 최혜영

5

안성대변인
최혜영

운명같은 만남,
안성

　비례대표 국회의원은 직능대표성을 통해 자신의 전문적인 분야를 의정활동의 중심에 놓고 일한다. 나는 그동안 당사자로서 장애인 인식개선 및 차별금지, 사회적 자립기반 구축 등을 위해 노력해왔다. 국회의원은 한 명 한 명이 국민을 대변하는 헌법기관이기도 하다. 대한민국의 정치사회적 문제에 대해 국민의 입장을 대변하며 개혁하고 발전시키는 노력을 소홀히 해서는 안 된다. 그런 점에서 나는 당직과 의원모임 등 여러 단위에서 바람직한 한국 사회를 만드는 데 힘을 보태고자 열심히 참여하고 목소리를 냈다. 특히 어렵고 힘든 처지에 있는 소외된 약자들의 문제를 중심으로 다루며 그들에게 희망을 주는 대변인이 되고자 했다. 정치현안에 있어서도 적극적인 의견을 내고 정치혁신을 통해 바람직한 정치체제를 만드는 데 일조하고자 했다.

　초선 국회의원에게 의례적으로 하는 질문 중에 하나가, "한 번 더 하셔야지요?"라는 말이다. 듣는 사람 좋으라고 하는 말이지만 그 말을 들을 때마다 묘한 감정이 든다. 일단은 "이렇게 힘들고 바쁜데 또 4년을 고생하란 말인가?"라는 생각도 들고 "앞에서는 저러지만 뒤에 가서는 탐욕스러운 정치인으로 욕하지 않을까?"라는 생각도 했다. 내 자신이 지역구도 없고 대중선거 경험도 없는데, 지역구 국회의원에 도전하는 것이 겁나는 일이기도 했다. 그러나 한편으로는 4년간의 의정활동을 통해서 알게 된 국정운영 방식과 입법부 일원으로서의 경험을 잘 살려 더 큰 일에 이 역량을 쓰고 싶기도 했다.

　2022년 어느 날 존경하는 지인이 찾아오셔서 이런저런 대화를 나누던 도중 진지하게 경기도 안성시를 지역구로 활동하는 것은 어떻겠냐고 권유했다. "왜 하필이면 저예요?"라고 놀라는 내 질문에 "그동안 최의원이 해 온 의정활동을 봐왔는데, 수도권에서 정말 중요한 지역인 안성시를 위해 제대로 일할 새로운 사람이라고 판단했다"고 말했다. 그러면서 "안성은 여권의 중진의원이 있지만 역동적이고 개혁적인 일 잘하는 국회의원이 필요한 지역이다. 그러나 의정 경험이 없는 분은 복잡하고 할 일 많은 이 지역을 감당하기 어렵다. 능력과 개혁성, 그리고 추진력이라는 삼박자가 꼭 필요한데 최

의원이 적임자"라고 말하며 안성행을 권유했다.

내 마음이 움직이기 시작했다. 안성은 알아볼수록 매력적인 도시였다. 도농복합도시로서 첨단산업과 1차 산업이 공존하는 도시, 젊은 세대와 어르신이 함께 하는 도시, 오랜 규제가 발전을 막고 있지만 한번 물꼬를 트면 봇물 터지듯 발전할 수 있는 기회가 꿈틀대는 도시, 전통과 역사가 함께 숨 쉬는 도시, 시민들과 힘을 합쳐 노력한다면 정말 희망이 있는 도시가 안성이었다. 수도권에서 가장 저평가되었으나 그만큼 잠재력 있는 도시가 안성인 것이다. 나는 안성이야말로 내 정치지향과 가장 일치하는 기회의 땅이라고 판단했다. 내 인생의 모든 것을 걸고 제대로 사랑하며 헌신할 가치가 있는 곳, 정말로 온전히 나를 바칠 수 있는 곳, 안성이 바로 그곳이었다. 나는 안성에서 내 정치 인생의 제2막을 시작하기로 결심했다.

특히 더불어 사는 풍요로운 도시 인생의 시민이 될 수 있게 한 이규민 전 의원께도 감사하다.

고민이 어느 정도 정리되자 이제 남은 것은 안성의 주인인 안성시민의 허락을 받는 것이었다. 나는 재선에 출마할 결심을 하고 안성에 왔다. 많은 분이 환영해 주고 안성에 오는 것을 축복해 주었다. 그리고 지역 정치의 현실과 현안들에 대해 조언을 해주었다. 하지만 대부분은 결코 쉽지 않은 문제들이었고 많은 이해관계가 첨

예하게 충돌하는 것들이었다. 역시 지역 정치는 참 복잡하다는 생각이 들었다. 나는 잠시 머리가 어지러워졌다. 그러나 내가 누구인가? 그 많은 어려움도 이겨낸 백전의 용사 최혜영이 아닌가. 무슨 일이든 진심으로 다가서고 긍정적으로 생각하자며 각오를 다졌다.

안녕하세요,
안성시민 국회의원 최혜영입니다

처음 안성에 왔을 때가 생각난다. 지금은 많이 좋아졌지만 그때만 해도 일부 안성주민들 사이에서는 "연고도 없는데, 최혜영이 안성에 왜 내려왔지?"라며 의구심을 품는 분들도 계셨다. 한편으로는 우리 당의 현역의원이 없는 상황에서 국회의원이 스스로 지역에 와서 봉사한다면 매우 좋은 일이라고 격려해주시는 분들도 많았다. 나는 부지런히 지역을 누비며 인사드리고 또 간담회 등을 통해 민원을 청취하고, 지역 현안에 대해 여러 문제점과 대안을 같이 고민했다. '연고가 없으면 연고를 만들면 되지 않은가'라고 생각하고 열심히 뛰어다녔다.

정치적 견해가 다른 분들도 내 등장은 반갑지 않은 모양이었다. 주로 지역문제에 대해 무지하다고 공격하는 내용들이었다. 그러나 나는 이런 말들을 신경 쓰지 않기로 했다. 그러면서 내 안성지역 출마는 상대 당에게도 긍정적 효과가 있을 거라고 말했다. 안성에 뿌리를 둔 타당의 다선 현역의원은 나를 견제하면서 더 좋은 안성발전계획을 내놓을 것이고 서로 활발한 의정활동과 치열한 성과경쟁을 할 것이라고 보면 실보다는 득이 더 많을 것이 분명했기 때문이다.

한번은 "반갑습니다. 더불어민주당 국회의원 최혜영입니다."라고 소개했더니, 나를 아껴주시는 한 고문님께서 "여기 지역에서는 앞에 '더불어'를 빼고 그냥 국회의원 최혜영이라고 소개하라"는 조언을 주셨다. 지금 안성은 특정 당이 필요한 게 아니라, 열심히 일할 사람이 필요하다는 것이다. 순간 머리를 한 대 맞은 것 같은 충격을 받았다. 맞다, 안성에는 그저 안성을 위해 일하는, 안성시민의 국회의원이 필요할 뿐이다. 온갖 고려할 사항으로 복잡하던 머릿속이 일순간에 맑아졌다. 나는 그때부터 "반갑습니다, 국회의원 최혜영입니다"라고 인사를 하고 다녔다. 가끔 "안녕하세요, 안성시민 국회의원 최혜영입니다"라고 인사드리면 웃으면서 반겨주신다. 이런 인사를 통해 나는 안성시민의 국회의원이라는 정체성을 갖게 됐다.

벌써 1년 반을 뛰었다. 이제는 어느 정도 지역도 파악하고 많은 사람을 알게 되었다. 제법 인지도가 생겨서 길을 가다 보면 시민분이 먼저 나에게 인사를 걸어오시기도 한다. 지역에 녹아드는 것에는 비법이 없다. 그저 나를 지역주민과 함께 하나로 여기고 부지런히 찾아뵙는 것부터 시작해야 한다. 하지만 거기에 머무르면 안 된다. 중앙 예산의 확보, 지역 사업의 정부 지원을 위한 협력 요청, 각종 민원의 해결 등 국회의원에게 맡겨진 소임을 달성하는 것도 매우 중요하다. 이런 면에서 국회의원 역시 녹록지 않은 직업임은 분명하다. 그러나 한편으로 의정활동과 그 성과에 대한 시민들의 칭찬을 받을 때면 언제 그랬냐는 듯 피로가 사라진다. 나의 안성에서의 1년 반은 이러한 점에서는 성공적이라고 자평하고 싶다.

자갈밭도 진흙길도
휠체어로 무한 행진

　이제는 정치를 대하는 국민들의 수준이 높아졌기에, 선거철에만 굽신대는 정치인, 행사 때만 나타나서 인사하고 사라지는 옛날 방식으로는 선거에서 이길 수 없다. 지역의 발전을 위해서 정책 제안도 법안 발의도 많이 해야 한다. 무엇보다 시민들 가까이 다가가는 것을 제일 중요하게 여겨야 한다. 이제는 안성시민들도 권위적이고 구태의연한 정치인들을 반기지 않는다. 현장에서 사람들을 만나 의견을 경청하고 이를 해결하기 위해 뛰는 정치인을 원한다. 나 역시 휠체어로 갈 수 있다면 안성 어디든 직접 찾아가 시민들을 뵈어야겠다고 마음을 단단히 먹었다.
　안성에 처음 왔을 때는 경사로나 엘리베이터 같은 편의시설이 여의치 않아 다소 힘들었다. 국회의원이 되고 나서 습관적으로 어디를 가야 할 때면 편의시설부터 확인했다. 시설이 제대로 갖춰 있지 않으면 이동이 불편하기 때문이다. 하지만 아무리 국회의원이라도 편의시설이 안 되어 있다며, "불편해서 인사하러 못 간다"고 막무가내로 버텼다면 아마 지역에서 갈등만 커졌을 것이다. 그러나 나는 장소 불문 어디든지 휠체어를 타고 적극적으로 움직였다. '휠체어 타고 무조건 가자'라는 생각으로 잔디가 무성한 곳, 자갈이 깔린 곳, 하다못해 진흙으로 덮인 길도 휠체어로 누볐다. 그러자 내 모습을 보고 작은 변화도 생겼다. 어떤 식당에서는 휠체어로 이용이 가능한 경사로를 만들었고, 경찰서에는 엘리베이터가 생겼으며, 농업기술센터에도 편의시설이 만들어졌다. 이렇게 다니니 이제는 어느 정도 지역 분들도 내 휠체어에 익숙해지신 듯했다.

한편 안성도 지역에 따라 분위기가 조금씩 다르다. 국회의원 사무실이 있는 안성 공도에는 6만 명 정도의 시민이 거주한다. 지역상 평택 쪽에 가깝다 보니 직장이나 문화시설을 이용할 때는 평택으로 가는 경우도 많아 보였다. 거주하는 연령층은 30~50대가 많고, 그 다음으로 어린이가 많다. 반면 안성시 동부권으로 넘어가면 어르신들이 비교적 많고, 더불어민주당에 대해 탐탁지 않게 생각하시는 분들도 계신다. 하지만 한편으로는 민주당에 대한 애정 어린 비판의식을 갖고 계신 분들도 많아서 항상 이 지역 어른들의 말씀을 경청하려고 한다.

한번은 초대받지 못한 행사에 들렀는데, 내가 찾아가자 기관 관계자들이 마지못해 나에게 인사말을 시켰다. 하지만 주눅 들지 않고 "저는 최혜영입니다"라고 시작하며 인사말을 했다. 인사 후 내 생각과는 달리 많은 시민분이 반갑게 나를 알아봐 주셨다. 그리고 "왜 다쳤냐"로 시작되는 걱정과 더불어 덕담도 해주셨다. 그럴 때마다 나는 아무렇지도 않은 듯, "교통사고로 이렇게 됐어요."라며 웃으며 답변해드렸다. 많은 분이 일시적으로 다친 것으로 생각해 "빨리 나으세요."라고 응원해주신다. 나도 "감사합니다"라고 하며 손을 잡는다. 휠체어와 함께하는 지역 활동은 몸은 고단할지 모르지만 마음만큼은 따듯한 여행이 되고 있다. 나는 오늘도 이 여정을 즐기고 있다.

응원을 받으며
안성에 깃발을 꽂다

 안성시민으로 자리를 잡고 지역에서 정치를 한다는 것은 쉽지 않았으나 매우 보람찬 일이었다. 특히 나는 그동안 겪어보지 못한 빠듯한 일정을 소화해내려 무진장 애를 썼다. 서울에서의 활동과 지역 활동을 겸하는 것은 정말 초인적인 힘이 없이는 어려운 일이었다. 2022년 초반까지만 해도 코로나19로 인해 사회적 거리두기가 유지되면서 행사를 열기가 쉽지 않았다. 하지만 코로나가 잦아들면서 정부 규제가 다소 완화되었다. 기회를 놓칠세라 나는 그동안 미뤄왔던 지역사무실 개소식을 하게 되었다. 비례대표 국회의원이 지역구를 정하고 그 출사표를 던지는 첫 행사에 과연 얼마나 많은 분이 축하해주실까 궁금했다. 특히 최혜영이 안성으로 간다고 했을 때 진심으로 기뻐하며 고언을 아끼지 않으시던 분들이 이번에는 어떤 말씀을 하실지, 또 얼마나 참석하실지 궁금했다.

보좌진과 함께 정성껏 초대장을 돌리고 적극적으로 초대 전화를 했다. 그러면서도 한편으로는 멀리 안성까지 오시기는 조금 힘들 것 같아서 많은 분이 마음만 보낼 것이라고 걱정도 했다. 그러나 이 모든 것은 기우였다. 당일 행사장은 안성시민과 내빈으로 발 디딜 틈이 없었다. 더불어민주당 중앙당이 안성으로 옮겨 온 것 같다는 농담도 나왔다.

우선 전·현직 국회의원 30여 명을 포함해 김보라 안성시장과 지역 정가 주요 인사 등이 대거 참석해주셨다. 정청래, 장경태, 박주민, 최강욱 의원 등 더불어민주당 전·현직 최고위원 등 당 지도부 역시 자리를 함께했다. 또, 홍익표 당시 국회 문화체육관광위원장, 김민석 전 국회 보건복지위원장 등 국회 상임위원장들도 방문해 축하에 동참했다. 이외에도 총 36분의 현역 국회의원이 현장을 방문해 응원에 가세했다.

59분의 선배 동료 정계인사들께서 나에게 축하 영상도 보내셨다. 나를 더불어민주당 영입인재 1호로 발탁, 정계로 입문케 한 이해찬 전 국무총리님은 특별히 나에게 "희망의 아이콘인 최혜영 의원이 이제 안성주민으로서 안성의 희망이 되고, 또 강인한 의지로 안성 발진에 매진할 것"이라며 덕담을 아끼지 않았다. 또, 김영주 국회부의장을 포함, 박병석 전 국회의장과 김상희 전 국회부의장 등 전·현직 국회의장단과 박홍근 당시 원내대표 등도 영상 축사를 보내, 내 새로운 도전을 응원해주셨다. 황세주 경기도의원과 이관실, 최승혁, 황윤희 안성시의원 등 지역 인사들도 참석해 환영과 응원의 뜻을 전했고, 지역주민 장이슬 씨 또한 환영 인사를 통해 "젊은 인재 최혜영 의원의 활동으로 안성 정치 지형 역시 보다 신선해질 것"이라며 기대감을 나타냈다. 지금 돌이켜봐도 너무나 감사한 일이다. 특히 안성의 깃발을 꽂게하고 개소식을 함께 준비해주신 이규민 전 의원님도 열렬히 응원해주었다.

생각지 않게 큰 판이 된 지역사무소 개소식은 그동안 당과 국회의원 최혜영이 정치적으로 역량과 비전을 인정받고 있음을 보여주는 것이고, 안성시에서 짧은 시간에 시민에게 인정받고 있음을 확인하는 자리가 되었다.

반갑습니다!
일 잘하는 최혜영입니다

　개소식 이후 국회의원 최혜영을 알리는 좋은 방법이 무엇일지에 대해 고민했다. 고심 끝에 추진한 몇 가지 사업이 성과를 올려 지금은 매우 안정적인 수준으로 올라섰다.

　우선 지역주민과 당원이 지역사무실을 방문하는 기회를 만들고자 특강을 추진했다. 2022년 10월에는 촌철살인의 입담을 자랑하는 정청래 최고위원의 특강을, 2022년 11월에는 주목받는 젊은 의원인 김용민 의원의 특강을 열었다. 특강 안내 포스터와 현수막을 붙이면서 국회의원 최혜영이 안성시에서 활동을 개시했음을 알렸다. 유명한 의원님들을 불러서 정치와 관련한 주제로 특강을 하다 보니, 고맙게도 입소문을 통해서 나를 알아봐 주는 분들이 늘었고, 그러더니 안성의 여러 단체에서 나를 불러주었다. 재선인 김보라

시장님도 음으로 양으로 많은 조언을 해주셨다. 처음 나를 바라보던 지역주민의 시선도 조금씩 녹아들기 시작했다. 각종 행사나 체육대회 등에 참여하면 분위기가 많이 따뜻해졌음을 느꼈다.

그러나 인지도라고 하는 것이 이름만으로 형성되는 것은 아니다. 평판이 달린 일종의 명찰과도 같다. 좋은 평판은 좋은 성과에서 나온다. 실제로 나는 몇몇 주민의 민원을 직접 해결하기 위해 노력했고, 성공적인 결과가 입소문이 나 좋은 인지도를 쌓는 데 도움이 되었다. 개소식 다음 날부터 매달 '민원의 날'을 정하여 지역주민의 불편과 부당한 것들에 대해 민원을 받았다. 처음에는 민원의 날에 들어오는 서너 건의 민원 정도만 처리했는데, 지금은 평소에 오는 민원, '민원의 날'에 접수된 민원 등을 함께 처리하고 있다. '민원의 날' 같은 경우는 시의원과 도의원도 함께 동참해 문제 해결 방법을 다각적으로 모색하고 있다.

특히 기억에 남는 해결 민원 중 하나는 '일죽우체국 임시청사 설치'다. 50년 가까운 일죽우체국을 재건축하는 것은 반길 일이었지만, 막상 우체국이 문을 닫은 동안 일죽 주민들은 죽산 등 타지 우체국을 이용해야 할 처지에 있어 불편하다는 민원이 제기된 바 있다. 가뜩이나 거동이 불편한 어르신들이 우체국에 가기 위해 먼 거리를 가셔야 한다는데 생각이 미치자 또다시 최혜영의 실행력에 발

5. 안성대변인 최혜영 | 149

동이 걸려 버렸다. 결국 우체국 등과 협의해 일죽 내 임차공간을 마련해 임시 우체국을 마련할 수 있게 됐다. 고맙다며 어깨를 두드려주신 일죽면민 여러분의 손길이 아직도 따스히 남아 있는 것만 같다.

발전한 안성을
위해

21세기는 기술전쟁의 시대다. 여기에는 이념도 없고 국경도 없다. 먼저 준비하고 먼저 개발한 자가 승리하는 것이다. 한 사회의 미래비전은 그 사회의 미래기술 수준을 보면 알 수 있다. 안성은 도농복합지역으로서 장래의 수도권 핵심도시로 약진하기 위해 첨단화 및 신사업분야를 육성하고 발전시키는 노력을 아끼지 말아야 한다.

그런 점에서 안성시가 지난 7월 산업통상자원부의 반도체 분야 '소재·부품·장비 산업 특화단지'로 최종 선정된 것은 쾌거 중의 쾌거다. 2022년 가을부터 이어진 관내 반도체 기업 대표와 간담회, '반도체 산업 육성 포럼' 개최, 양향자 국회의원의 반도체 특강 진행, 국회 '반도체 산업 육성 토론회'를 개최하는 등 시민, 기업, 그

리고 공직자들이 합심해 노력한 결과 반도체 소부장 특화단지 유치를 이뤄낼 수 있었다.

한편 나는 안성시의 반도체 소부장 특화단지 유치를 적극 지원하기 위해 산업통상자원부 산업공급망정책관을 직접 만나 안성이 특화단지로서 얼마나 매력적인 입지인지 설명했다. 첫째 평택·용인 20분, 화성·천안 30분 등 수요 반도체 산업단지와 인접한 입지 조건을 갖추고 있다. 둘째 평택, 오산 등에 비해 경쟁력 있는 산업단지 조성 가격도 장점이다. 셋째 한국폴리텍대·한경대·두원공대 등 관내 학교를 비롯해 기업체, 지자체 간 산·학·연·관 협력체계가 가능하다는 점 등을 산업부에 강조했다.

반도체 소부장 특화단지 유치 성공은 대한민국 K-반도체사업의 완성뿐 아니라 20만 안성시민의 미래 먹거리를 창출하고, 청년 유입 등을 통한 지역경제가 활성화 될 수 있는 기회가 될 것이다. 이를 위해서는 인력양성을 위한 마이스터고 설치 등 세부적인 방안 역시 마련되어야 할 것으로 보인다. 안성의 새 먹거리 창출이 탄력을 받을 수 있도록 시민 모두가 함께 마음을 모아야 할 때다.

산업만큼이나 중요한 것이 바로 복지다. 안성은 지하철이나 기차 등 철도가 없기 때문에 어르신들께서 무료교통 혜택을 누리지 못하고 있다. 대중교통 버스 분담률도 14.7%로, 경기도 평균 25.3%보다 미달해 시민 이동권 보장이 필요한 상황이다. 이에 시 차원에서 어르신 무상교통 지원사업을 추진했다. 무상교통지원사업은 관내 주민등록이 돼 있는 만 65세 이상의 시민을 대상으로 시내버스 교통비를 지원하는 사업이다. 어르신께서 안성을 통행하는 시내버스를 이용할 경우 발생하는 요금에 대해 지원한다는 제도다.

올해 65세 이상부터 시작한 무상버스는 내년에는 사업대상을 23세 미만 청년층까지 확대할 예정이었으나, 보건복지부로부터 제동이 걸렸다. 이 사업을 하려면 복지부와 협의를 거쳐야 하는데, 보편복지를 반대하는 윤석열 정부가 들어서면서 난항을 겪던 차였다.

5. 인성대변인 최혜영

하여 나는 2023년 7월 '안성시 무상교통 지원사업'의 협조를 위해, 이기일 보건복지부 1차관과 면담을 진행했다. 안성시의 부족한 교통 인프라에 대한 설명과 함께 사업의 필요성도 설명했다. 얼마 지나지 않아 7월말께 반갑게도 보건복지부로부터 '사회보장제도 협의완료' 통보를 받았다. 대중교통이 부족한 안성시의 미래를 책임질 청소년들과 저소득층의 이동권을 보장하기 위한 '무상교통 지원사업'이 이렇게 빨리 좋은 결과를 맞게 돼 뿌듯한 마음을 감출 수 없다.

안성시민을 위해
일하겠습니다

2023년 현재, 대한민국의 정치는 격동의 변화를 겪고 있다. 국민들은 낡은 정치구조를 개혁하고 새롭고 건강한 정치를 원하고 있다. 안성 역시 지역의 내일을 책임질 정치인을 원하고 있다. 고루하고 보수적인 정체된 안성은 이제 없다. 나는 지난 1년 반, 비례대표 최혜영이 아니라 안성의 딸, 안성시민 국회의원 최혜영으로 거듭나기 위해 부단히 노력했다. 오직 안성시민을 믿고 안성의 대변인이 되어 열심히 일하고 성과 역시 내고 있다.

  안성의 정치 지형이나 구조가 급변하고 있다. 나 역시 안성의 변화 하나하나를 놓치지 않고, 새 시대에 걸맞는 인재임을 알려드리고 싶다. 쉽지 않겠지만 개인의 역량을 더 발휘해서 안성시민들께 최혜영의 가치를 보여드리고 싶다. 소통을 기반으로 현실적인 정책을 발굴하고 안성발전과 도약을 위한 성과들을 만들어내고 싶다. 그래서 시민들로부터 사랑을 받고 믿음을 드리는 새 시대의 마중물이 되고 싶다.

지난 1년! 안성을 위해서 나는 여러 방면에서 구슬땀을 흘렸다. 특히 지난 2022년 국회 예산결산특별위원회 위원으로서 안성발전을 위한 예산을 증액시키기 위해 노력한 것은 기억에 남을만한 사건이었다. 2022년 12월 24일 국회 본회의를 통과한 638조 7천억 원 규모의 2023년도 정부 예산안 중 안성시 관련 예산이 약 150억 원 증액됐다. 세부적으로는 첫째, 안성-구리고속도로 건설 약 57억, 둘째, 세종-안성고속도로 건설 약 50억, 셋째, 한경대-한국복지대 통합 추진 지원 약 26억, 넷째, 안성 원곡 공공하수처리시설 증설 5억, 다섯째, 안성-원곡 관로 신설 5억, 여섯째, 안성테크노밸리 공공폐수처리시설 3억, 일곱째, 안성대덕-용인남사 구간 사전 타당성 조사 2억, 마지막으로 여덟째, 안성 칠장사 및 석남사 보수정비 2.45억이 증액됐다.

국회의원은 예산으로 말한다는 격언처럼 나는 예산확보를 위해 많은 노력을 기울였다. 앞으로도 안성의 발전을 위한 나의 노력은 멈추지 않을 것이며 최혜영에 대한 믿음을 최고의 성과로 보답하기

위해 최선을 다할 것이다.

언제나 시민의 눈높이에서 국가정책의 방향을 능동적으로 제시하고, 안성의 문제는 안성시민과 함께 논의하며 해결해 나갈 것이다. 거듭 말하지만 지역 발전은 결국 지도자의 역량 문제다. 기존의 정치를 답습하는 정책으로는 더 이상 경쟁력이 없다고 생각한다.

소통과 합리적 대안, 강력한 추진력을 바탕으로 최혜영은 지칠 줄 모르고 안성시민을 위해 일할 것이다. 창업과 연구개발의 요람, 반도체 소부장 거점도시, 첨단산업의 요람, 스마트 농업환경 조성, 교육 및 육아, 보육환경의 개선, 사각지대 없는 촘촘한 복지도시, 문화가 살아있는 도시 안성이 될 수 있도록 환경을 가꾸어 나갈 것이다. 쾌적하고 안락한 행복도시 안성을 기대해 본다.

누구나 편안하고 행복한 안성을 '간절하게 꿈꾸고' 안성의 일꾼 최혜영이 되기 위해 '거침없이 도전하라'!

부록

부록1 발언문

(1) 본회의

① 발언 1 – 5분 자유발언(2021.02.26.)

존경하는 박병석 의장님과 선배 동료 의원님, 더불어민주당 국회의원 최혜영입니다.

오늘 저는 당연하지만 당연하지 않은, 감사하지만 감사하지 않은 말씀을 드리려 이 자리에 올랐습니다. 제가 활동하고 있는 보건복지위원회는 최근 상임위장 문턱을 없앴습니다. 의원님들께서는 상임위장을 수없이 오고 가시면서도 그 턱이 누군가에게는 장벽이 될 수 있다는 생각은 못 하셨을 겁니다. 그럼에도 보건복지위원회는 감수성을 갖고 문턱을 없앴습니다. 진심으로 감사드립니다.

그런데 아쉬운 마음도 지울 수 없습니다. 감사한 일이긴 하나, 달리 보면 그간 권리가 보장되지 않았던 것이 아닐까요? 또, 장애인 의원이 속한 상임위만 고치면 되는 걸까요? 어떤 상임위든 장애인이 증인·참고인으로, 방청인으로 올 수 있습니다. 배석이 잦은 부처 공무원 중 중증장애인이 있을 수 있습니다. 복지위가 아니더라도 보좌진 중 휠체어를 타는 장애인이 있을 수도 있습니다. 무의식 중 이런 가능성을 배제하고 있는 건 아닌지요? 장애인이 올 일이 없으니 편의시설을 해놓지 않아도 되는 게 아닙니다. 되어 있지 않으니 올 수 없는 것입니다.

존경하는 선배 동료 의원님, 우리 국회는 여전히 많은 장벽을 유지하고 있습니다. 본회의장은 물론이고, 의원회관의 큰 회의실들은 휠체어석이 정해져 있습니다. 때문에 본회의장 제 자리는 초선의원님들 곁이 아닌 다선 의원님들 옆입니다. 의원회관 회의장에서도 원하는 자리에 앉지 못하고 맨 뒤, 혹은 의자가 없는 통로에 홀로 있어야 합니다. 또, 의원실 바닥이 카펫 소재로 되어 있어 혼자 휠체어를 굴릴 수 없습니다. 저희 의원실은 바닥을 교체했지만, 여전히 다른 의원님들 사무실에 가면 스스로 휠체어를 움직이기 어렵습니다. 국회 분수대 주변을 비롯해 경내 곳곳은 바닥이 울퉁불퉁해 휠체어를 탄 저는 큰 흔들림을 겪어야 합니다.

자주 오가시는 지하 통로의 경사로를 한 번 떠올려 주십시오. 두려움을 느낄 정도의 경사도로 밀어주는 보좌진의 힘이 여간 드는 게 아닙니다. 국회에는 물리적 장벽들만 있는 것이 아닙니다. 미처 생각하지 못한 배제와 차별이 많습니다. 의원님들이 개최하시는 토론회와 행사에서는 자연스레 '자리에 일어나 국기를 향해 달라'고 합니다. 저는 자리에서 일어날 수 없는데 말입니다. 국회법은 투표기기 고장 등 사정이 있을 시 기립표결 하도록 하고 있습니다. 이 역시 장애인에 대한 고려가 없는 조항입니다. 제가 개정안을 냈습니다. 또 장애에 대한 부정적인 인식이 국회 안에 남아 의원님들의 질의에서, 발언에서 쉽게 표출되기도 합니다.

존경하는 선배 동료 의원님, 생각을 바꾸는 것이 얼마나 어려운지 잘 알고 있습니다. 무엇보다 오늘 드리고 싶은 말씀은 장애인을 위해 국회를 바꿔 달라는 것이 아닙니다. 국회를 장애인뿐 아니라 모두에게 차별 없는, 평등한 공간으로 만들기 위해 국회에 유니버설디자인을 도입하자 제안드립니다. 유니버설디자인은 장애, 성별, 나이, 국적과 상관없이 누구에게나 공평하고 사용하기 편리한 건축과 환경, 제품을 의미합니다. 엘리베이터는 장애인뿐 아니라 어르신, 아이들, 유모차를 끄는 사람 모두에게 편리함을 제공합니다. 문고리가 예전에는 손으로 잡고 돌리는 형태였는데 요즘은 아래로 누르는 방식이 된 것도 유니버설디자인입니다. 장애인뿐 아니라, 악력이 약한 어르신과 아이들도 쉽게 문을 열 수 있습니다. 화장실 수도꼭지도 마찬가지입니다. 지하철 손잡이는 예전에는 똑같은 높이였지만, 지금은 다양한 키를 반영해 높이가 다릅니다. 시력이 좋지 않은 어르신이나 외국인, 글에 대한 이해가 낮은 발달장애인을 위해 픽토그램을 사용하면 누구나 표지판을 이해할 수 있습니다. 통합놀이터를 아십니까? 비장애아동과 장애아동 모두 탈 수 있는 바구니 그네, 엎드려 탈 수도 있는 시소, 입구가 평평해 휠체어가 올라갈 수 있는 회전 놀이기구 등, 모두가 동등하게 놀이할 수 있는 시설들이 있습니다. 그런데 우리 국회는 어떻습니까? 변화하는 국회는, 배리어프리를 표방해 장애인 편의시설 마련에 급급한 국회가 아니어야 합니다. 유니버설디자인을 도입해, 나이, 장애, 성별에 의해 누구 하나 소외되지 않는 모두가 공평한 참여와 누림이 가능한 공간이 되어야 합니다.

존경하는 박병석 의장님을 비롯한 선배·동료 의원 여러분! 국회 운동장 옆에 통합놀이터가 생겨 장애와 상관없이 다양한 아이들이 어울려 노는 모습을 상상해주십시오. 당연하다고 생각했던 것들을 다시 한 번 의심해봐 주십시오. 그간 불편함을 느끼지 못하셨다면 그것은 이미 특권입니다. 국민의 대표 기관인 국회부터, 저와 함께 일하시는 선배 동료 의원님들부터 생각을 바꿔주시고, 정책에 반영해주시길 호소드립니다. 경청해 주셔서 감사합니다.

② 대정부 질문 – 장애인 탈시설 정책으로의 대전환' (2021.04.21.)

존경하는 국민 여러분. 박병석 국회의장님과 선배·동료 의원 여러분. 더불어민주당 국회의원 최혜영입니다. 어제는 4월 20일 장애인의 날이었습니다. 이 날의 의미는 '장애인의 완전한 참여와 평등'입니다. 그런데, 우리 현실은 어떻습니까? 우리 사회의 모든 환경과 제도는 여전히 비장애인을 중심으로 만들어지고 있으며 장애인을 시혜와 동정의 대상으로 바라보고 있습니다. 또한 장애인에 대한 차별과 학대, 인권침해가 우리 곳곳에 만연해 있습니다. 장애인도 지역사회에서 더불어 살아가는 것이 마땅하고 자연스러운 일임에도 많은 장애인들은 거주시설에서 사회와 분리, 배제된 채 살아가고 있습니다. 국민의 기본적 권리와 행복한 삶을 지켜주지 못하는 국가는 존재의 의미가 없습니다. 이에, 저는 오늘 대정부질문을 통해 장애인 탈시설 정책이 긴급성과 중대성을 갖는 현안 과제임을 확인하고, 장애인의 사회통합을 위해 우리 사회가 나아가야 할 방향에 대해 제시하고자 합니다.

오늘 제가 무엇보다 여러분께 드리고 싶은 질문은 "왜"입니다. "왜 이렇게 됐을까" "왜 해결되지 않을까" 함께 의문을 가져주시고, 고민해주시고, 답을 찾는 과정에 함께해주시기를 간곡히 요청드리며, 질의를 시작하겠습니다.

I. 장애인 시설, 국가가 자행하는 제도적 학대이자 차별 (부총리)

부총리님. 앞으로 나와 주시기 바랍니다. 먼저 화면을 좀 봐주십시오. 시설의 장애인 학대사건입니다. 사실 시설에서의 장애인 학대는 어제 오늘 일이 아닙니다. 지금도 우리 사회 곳곳에서 장애인 시설 학대는 끊이지 않고 있습니다.

2019년 장애인학대현황보고서입니다. 장애인학대 중 38%가 집단 이용시설에서 발생하는데, 이중 장애인거주시설이 62%로 가장 많습니다. 국가인권위원회 실태조사를 보면, 폭력, 감금, 강제 투약, 강제 노동과 같은 인권침해도 여전합니다.(2017년 국가인권위 실태조사 – 인권침해 발생(폭력 14%, 감금 8%, 강제 투약 7%, 강제 노동 9% 등)

부총리님, 시설에서의 장애인 학대가 이슈가 될 때마다, 사회는 분노했고, 정부는 대책을 내놓았습니다. 그런데도 왜 해결되지 않는다고 생각하십니까? 근본적인 대책이 아니기 때문입니다. 시설 환경 개선, 인권 교육, CCTV 설치, 처벌을 강화해도, 시설이라는 '구조적 문제'를 해소할 수는 없기 때문입니다. 인권위에서는 개인의 의사와 욕구가 제한되고, 사생활을 통제받고 개개인의 삶의 질은 생각조차 할수 없기 때문에 시설은 구조적으로 인권침해적 요소를 갖고 있다고 지적하고 있습니다.

국가인권위원회, '장애인 탈시설 로드맵 마련을 위한 정책 권고 (2019.08.22.)

"장애인은 지역사회와 분리된 거주 시설에서 안전하게 보호될 수는 있으나 집단화된 거주환경 속에서 개인의 의사와 욕구가 제한되고, 사생활을 통제받아 왔으며, 인간발달의 기회나 개개인의 삶의 질은 생각조차 할 수 없기 때문에 이런 점에서 거주 시설은 구조적으로 인권침해적 요소를 갖고 있다."

국가인권위원회 실태조사에서도 그대로 나타납니다.

2017년 국가인권위 실태조사
- 먹는 것(75.4%), 일어나고 자는 것(55.0%), 하고 싶은 것(28.8%) 등 자의로 할 수 없음
- 휴대폰 불가 71%, 시설이 통장 관리 62%, 시설이 신분증 관리 61%
- 비자발 입소율은 67.9%(자의도 가족을 위해서, 돌봐줄 사람이 아무도 없어서 등)
- 10년 이상 거주한 경우가 58.1%, 20년 이상 거주한 경우도 24.9%

대한민국 국민이라면 하나씩 다 있다는 휴대폰조차 시설 거주 장애인은 가지고 있지 못합니다. 통장이나 신분증도 시설이 관리합니다. 뭐 하나 자기 취향, 자기 결정으로 할 수 없습니다. 부총리님, 이런 삶, 이런 환경, 학대 아닙니까? 좋은 거주 시설, 나쁜 거주 시설의 문제가 아니라, 시설 위주의 장애인 정책은 사실상 국가에 의한 제도적 학대입니다. 또, 시설을 만들어, 일정한 분류에 속하는 사람을 거주하도록 하는 것은, 아무리 그 기준과 분류가 약하다 할지라도, 돌봄과 보호의 의도가 있더라도, 명백한 차별입니다. 부총리님, 장애인은 시설에 살아야 합니까? 아니 시설에 살아야 하는 장애인이 따로 있습니까? 시설이 장애인을 위한 것입니까? 아니면 장애인들이 지역사회에서 함께 살아갈 수 있는 제도와 인프라에 들어갈 자원을 아낄 수 있는, 국가를 위한 것입니까? 장애인이 먼저가 아니라 국가의 자원 절감이 우선인 것 같습니다. 부총리님, 인권 국가라면 이런 제도적 학대는 용인될 수 없는 것입니다.

II. 시설에서의 삶, 장애인 탈시설 국정과제 및 총리 의지 확인 (국무총리)

총리님, 시설에 사는 장애인이 얼마나 되는지 아십니까? 3만여 명입니다. 장애인 100명 중 1명이, 지적장애인은 10명 중 1명이 시설에 삽니다.

장애유형	전체장애인	재가장애인	거주시설 입소자	비율(%)
총계	2,618,918	2,589,256	29,662	1.13
지체	1,223,135	1,221,451	1,684	0.14
시각	253,055	252,258	797	0.31
청각	377,094	376,830	264	0.07
언어	21,485	21,433	52	0.24
지적	212,936	190,633	22,303	10.47
뇌병변	252,188	249,788	2,400	0.95
자폐성	28,678	27,346	1,332	4.64
정신	102,,980	102,604	376	0.37
기타	14,7367	146,913	454	0.31

'장애인 탈시설, 지역사회 정착', 우리정부 국정과제입니다. 그런데, 왜 시설은 되려 늘어나고 있습니까? 지금도 입소 장애인이 퇴소 장애인보다 많습니다. 심지어 본인이 원하지 않은 입소율이 68%입니다.

입소장애인				퇴소장애인			
계	2018년	2019년	2020년	계	2018년	2019년	2020년
12,285	3,683	2,943	2,251	6,165	1,708	1,850	843

상황이 이렇다 보니, 장애인 당사자를 비롯해 사회 각계가 탈시설에 대해 강력히 요청하고 있습니다. 정부의 국정과제이고, 당사자와 현장이 간절하게 요구하는데 머뭇거릴 이유가 없습니다.

Ⅲ. 정부의 탈시설 정책 추진 의지 및 현황 점검 (복지부 장관)

보건복지부 장관님, 나와 주십시오. 장관님, 탈시설 정책으로의 전환, 필요성에 대해 어떻게 생각하십니까? 이 국정과제를 추진하겠다는 의지가 별로 보이지 않습니다. 국정과제 추진현황 보고서를 살펴보면 첫째 공공어린이 재활병원 건립 사업 공모 추진(6.15~7.16), 둘째 수동휠체어 기준금액 인상 및 이동식 전동리프트 급여대상 확대 등 장애인 보장구 보험급여 확대, 셋째 장애인 탈시설 지원을 위한 민관협의체 회의 운영이라고 되어 있습니다. 장관님, 장애인탈시설 민관협의체 회의하셨죠? 어떤 내용들이 도출됐습니까? 회의 자료를 받아보니, 2019년에 이미 △탈시설 지원체계 구성안 △탈시설 단계별 서비스는 물론 △탈시설 10년 로드맵까지 다 나와 있었습니다.

그런데 왜 2년이 지나도록 발표하지 않으십니까? 제가 상임위에서 여러 차례 로드맵을 발표하시라 질의했는데, 여전히 나오지 않았습니다. 최근에는 탈시설 정책을 전면에 내세우기 보다, 지역사회 통합돌봄, 권리보장법 등을 통해 해소하려는 모습도 보입니다. 한 연구에서는 이런 접근 방식으로는 2080년에나 시설 거주가 해소된다고 합니다.(오욱찬 박사 추계 자료(연고자 인도, 전원, 사망 제외한 탈시설 장애인 수) 참조) 장관님, 장애인에게 앞으로 60년만 더 참아라, 하실 겁니까? 이렇게 중앙 정부가 국정과제 추진에 지지부진해 로드맵조차 없으니, 지자체 탈시설 지원도 혼선이 빚어지고 한계에 부딪힙니다.

지자체별 탈시설 지원제도 현황입니다.

(탈시설 전담기관) 서울, 부산, 광주만 有

(탈시설 장애인 주거지원) 0% ~ 104%

(탈시설 장애인 자립지원금) 인당 0원 ~ 1,200만 원 / 지원 비율 0% ~ 96%

2년 전 탈시설해 지역사회에 살고 있는 발달장애인이 이웃과 갈등을 빚자, 지자체가 단 한 번의 사례회의를 통해, 시설에 재입소시켰다는 겁니다. "탈시설 장애인 주민 갈등, '묻지마' 시설행". 장관님, 이 사건 알고 계십니까? 저는 지자체의 이런 대응이 중앙정부의 명확한 사인이 없기 때문이라고 생각합니다.

Ⅳ. 장애인 탈시설 시급성과 국외 현황 (국무총리)

☞ 총리님, 코로나19 첫 사망자가 누구인지 기억하십니까? 청도 대남병원 정신장애인이었습니다. 거주시설이 20곳이 집단 감염됐

고, 장애인 확진자가 179명입니다. 장애인 확진자의 사망률은 비장애인에 비해 7배나 높습니다. 이렇게 시설의 심각한 취약성이 확인되다 보니, UN 장애인권리위원회는 긴급탈시설을 강력하게 제안하고 있습니다.

UNCRPD 탈시설워킹그룹 위원 요나스 루스커스 발언
UNCRPD 23차 세션에서 탈시설워킹그룹이 꾸려졌다. 요나스 루스커스 UNCRPD 위원은 "시설에 있는 분들은 코로나19의 진앙지에 살고 있는 것과 다름없다. 이에 대응해야 한다는 요구가 높아 탈시설워킹그룹이 만들어진 만큼, 긴급 탈시설을 어떻게 할 것인지 가이드라인과 롤모델을 마련해 아시아, 유럽 등에 모두 적용할 수 있는 방안을 제시하겠다"고 말했다.
그런데 우리 정부는 거꾸로 격리가 끝나자마자 시설에 다시 돌려보냅니다. 총리님, 집단 감염 거주시설의 경우 탈시설을 우선 진행해야 하지 않겠습니까? 그렇게 하실 의향이 있으십니까? 수십 년 지속된 시설 중심의 장애인 정책을 탈시설 정책으로 전환하는 것이 쉽지 않은 일이라는 것 잘 알고 있습니다. 탈시설 좋은 얘기지만 그게 가능해? 라는 생각이 들 수도 있습니다. 무엇보다 이미 해외 국가들은 탈시설을 이뤄냈습니다.

□ 미국 사례

- 1999년 '옴스테드 판결' 주립 거주시설 점진적 폐쇄, 민간 거주시설 지원 중단
- 2025년 주립 거주시설, 2037년 민간 거주시설 사라질 것으로 예측
- 탈시설 이후 장애인에 대한 지원 비용이 시설 서비스에 비해 23~30% 절감

□ 캐나다 온타리오주 사례

- 1970년대 시설 거주 장애인 수 정점이 된 후 2009년까지 모두 폐쇄
- 1987년 모든 주립 거주시설 25년 이내 폐쇄할 것 천명, 신규 입소 금지

□ 스웨덴 사례

- 1970년대 시설 거주 장애인 수 정점이 된 후 2000년대 초반 모두 해소
- 1985년 발달장애인법에 지역사회 생활 권리 명시 → 1993년 지역사회 생활 위한 국가 의무 규정 → 1997년 시설폐쇄법 제정

☞ 총리님, 이미 탈시설 정책을 완료해 낸 다른 나라들의 사례, 어떻게 보십니까? 물론 국가마다 상황과 환경이 다릅니다. 그러나 분명한 것은, 중앙정부의 의지로 탈시설에 대한 대원칙을 정하고, 탈시설을 실현하기 위한 목적이 분명한 법안이 있었다는 것입니다. 총리님, 우리정부도 강력한 의지가 필요합니다. 탈시설 실현을 위한 법안도 필요합니다. 제가 「장애인 탈시설 지원 등에 관한 법률안」을 발의했습니다. 이제는 탈시설을 직접 추진하기 위한 법안이

필요하다는 것에 동의하십니까?

총리님, 국정과제인 탈시설을 위한 범부처적 움직임도 필요합니다. 탈시설은 단순히 시설 밖으로 나오는 것만을 의미하지 않습니다. 탈시설 준비과정에서부터 지역사회 정착까지 주거, 보건·의료, 일상생활, 소득, 일자리, 교육 등 구체적이고 포괄적인 계획이 요구됩니다. 사실 분야별로 국무위원 한 분 한 분 모셔 질의하고자 했으나, 시간관계로 여쭙지 못해 아쉽습니다.

여러 관계 부처들의 상시적이고 유기적인 협의가 필수적인 만큼 부총리께서도 차질 없이 챙겨주시기 바랍니다.

저는 오늘, 문재인 정부의 국정과제이기도 한 장애인 탈시설 정책이 어째서 지극히 당연한 것인지 말씀드렸습니다. 일부의 우려와 달리 실현 가능한 일이고, 실상 우리는 너무 늦었다는 점과 그렇다면 우리는 무엇을 해야 하는지 말씀드렸습니다. 그러나, 이 모든 질의는 사실 단 한 줄로 설명할 수 있습니다. "장애인 당사자 입장에서 탈시설은 그저 보통의 삶이다"

존경하는 선배 동료 의원님. 저는, 지난 세계인권선언일에 「장애인 탈시설 지원 등에 관한 법률안」을 대표발의했습니다. 존경하는 67분의 선배 동료 의원님들의 공동발의로 저를 비롯해 장애계는 큰 힘을 받았습니다. 정부와 국회가 힘을 모아 조속히 장애인 탈시설

화를 성공적으로 안착시킬 수 있도록 다시금 힘 모아 주십시오. 한 사람, 한 사람이 존엄하고 찬란한 삶의 희망을 꽃 피울 수 있도록, 장애인에게 '보통의 삶'을 보장하는데 쉼 없이 함께 해주십시오. 경청해 주셔서 감사합니다.

③ 발언 2 - 전원위원회 발언(2023.04.11.)

존경하는 김영주 위원장님과 선배 동료 의원님. 더불어민주당 최혜영의원입니다.

국민들께서는 비례성과 정치적 대표성을 높여 민심을 제대로 반영하고, 승자독식, 정치양극화에 따른 대결정치와 지역주의 해소를 하라며, 현행 국회의원 선거제도 개혁을 요구하고 계십니다. 이에 우리 국회는 국민의 명령에 따라 20년 만에 전원위원회를 열어 선거제도 개편을 논의하고 있습니다. 이 역사적 과업에 있어 저는 오늘, 우리 국회가 과연 누구를 대표하고 있는지, 우리 국회 의석이 투표자의 의사에 제대로 비례하여 배분되고 있는지에 대해 말씀드리고자 합니다. 특히, 비례대표제 개편안을 보다 심도 깊게 논의할 것을 요청드리면서, 비례대표 의석 확대 필요성과 정개특위에서 제안하신 비례대표 관련 내용의 우려점을 설명드리겠습니다.

의원님들께서도 잘 아시듯, 현대 민주주의는 시민들이 선거에서 대표자를 선출해 자신의 주권을 일정 기간 위임하여 실현하는 체제입니다. 때문에 어떤 대표자를 선출하는가? 선출된 대표들이 실제로 누구의 이익을 대표하는가?는 민주주의 실현에 있어 결정적인 요소입니다. 그런데, 우리 국회는 어떻습니까? 우리 국회는 매우 편향되어 있습니다. 민주화 이후 국회의원 중 남성은 90%인 반면, 여성은 10%에 불과합니다. 서울 소재 대학 출신은 77%지만, 지방 소재 대학 출신 국회의원은 16%입니다. 21대 국회만 보더라도, 일명 SKY 출신 의원이 103명, 3분의 1에 달하며 평균 연령은 55세로 20대 국회 다음으로 역대 최고령 국회이며 77%가 직업정치인 출신입니다. 민주화 이후 35년 동안 9번의 국회의원 선거가 있었지만, '고학력, 50대 남성, 수도권 대학 출신'이라는 편향된 결과는 그대로여서, 여성, 장애인, 청년 등 소수자는 거의 대표되지 않고 있습니다. 때문에 저는 이번 선거제도 개혁은 이렇게 편향된 대표 체계를 어떻게 개편할 것인가가 핵심이 되어야 하고, 이러한 비편향적 대표성을 보정하는 중요한 기제가 바로 비례대표제라고 생각합니다. 본격적으로 비례대표제 논의에서 어떠한 부분을 중점적으로 다뤄야 하는지 말씀드리도록 하겠습니다. 먼저, 비례대표 의석 확대가 필요합니다. 민주화 진전에도 불구하고 비례대표 의석 비율은 늘

지 않았습니다. 오히려 줄어들고 있습니다. (* 13대 25%, 17대 19%, 20대 16%)

혼합형 선거제도 국가들 중 비례대표 의석 비율이 우리나라가 가장 적습니다. 비례대표를 늘리기 위해서는 의원 정수 확대도 함께 가야 합니다. 우리나라 국회의원 정수는 총인구가 2천만 명 수준이었던 제4대 국회 당시 233명이었습니다. 그런데 인구 5천2백만명에 육박하는 지금도 300명에 머물러 있습니다. OECD 38개국 중 미국, 멕시코, 일본 다음으로 의원 1인당 인구수도 많습니다.

단순히 숫자의 문제만은 아닙니다. 국정운영이 전문화되고 있는 현대사회에서 사회 각 분야의 전문적 지식과 능력을 갖춘 인물들을 더 많이 유입시켜 국회 정책개발 능력과 행정부 견제 기능을 강화할 필요가 있습니다. 일부에서 오히려 의원 정수를 줄여야 한다고 주장하시지만, 이는 국회의원의 특권은 강화하고 대표성은 약화시키는 길입니다. 의원 1인당 인구수를 줄이면, 국민의 의사를 더욱 잘 대표할 수 있습니다. 또, 적은 수라는 '희소성'에 의해발생되는/특권을 줄일 수 있습니다.

마지막으로 정개특위안 중, 비례대표제 관련 우려점을 말씀드리겠습니다. 정개특위에서 제안한 여러 비례대표제 중 먼저 권역별 비례대표제는 권역단위로 비례대표의 의석수가 할당되고, 각 정당이 투표한 수에 따라 의석수를 배분받는 방식이다 보니, 비례대표가 지역대표성을 보장하는 것으로 바뀌게 된다는 우려가 높습니다. 즉, 지역의 이익이 아니라 국가적 의제를 고민하는 비례대표여야 하는데, 그 가치가 훼손되고, 또 여성, 청년, 노인, 장애인 등을 비례대표로 수용할 수 없는 개악이라는 겁니다.

또한 개방형 명부제는 비례대표 후보를 유권자가 직접 뽑기 때문에 국민 수용성이 높지만, 여성, 청년, 장애인 등 소수자와 직능전문가의 국회 진출은 어려워집니다. 특히 완전개방형 명부제 도입 시, 매 홀수 순위에 여성을 추천하던 현행 제도를 유지하기 어려워집니다.

중대선거구제는 여성, 장애인, 정치 신인 등의 당선에 긍정적 영향을 줄 수 있다는 시각도 있습니다. 그러나 중대선거구제는 선거 비용이 많이 들고, 지명도가 높은 사람의 당선 가능성이 높기 때문에 조직과 재원이 부족한 여성, 장애인 등에게는 오히려 불리할 수 있습니다. 이렇게 정개특위에서 제안하신 비례대표 관련 안들은 현재 대표성이 반영되지 못한 정치적 소수자들에 치명적인 개악이 될 수 있기 때문에 무겁게 고민하고 논의되어야 합니다.

존경하는 선배 동료 의원님. 저는 오늘 선거제도 개편에 있어 주어진 7분을 오롯이 비례대표제에 대한 내용으로 채운 이유는, 우리 정치가 우리 사회의 다양성과 복합성을 담보하지 못하고 있기 때문입니다. 모쪼록 오늘 충정과 열정으로 드린 말씀이 여야를 떠나 국익차원에서 중요한 쟁점으로 다뤄져, 민의를 대변하는 국회를 만드는 선거제도가 마련되길 간곡히 바랍니다. 경청해주셔서 감사합니다.

④ 발언 3 – 5분 자유발언(2023.07.27.)

존경하는 국회부의장님과 선배 동료 의원님. 더불어민주당 국회의원 최혜영입니다. 우리나라에는 인권법이 딱 1개 있습니다. 우리의 유일한 인권법이자 차별금지를 공식적으로 규정한 법률은 바로 시행 15주년 된 장애인차별금지법입니다. 20년 전, 장애계가 장애 유형, 활동 지역, 단체의 규모, 정치적 입장의 차이를 떠나 오로지 장애인차별금지법 제정이라는 목표로 추진연대를 결성했습니다. 이후 장애인차별금지법 통과는 당사자의 의지와 투쟁은 물론, 정부의 의지, 행정 각 부처의 협력, 여야 장애인당사자 의원님들을 중심으로 한 국회의 추진력이 함께 피워 낸 꽃입니다.
저는 20년전 사고로 장애인이 되었습니다. 장애인차별금지법 제1조 '모든 생활영역에서 장애를 이유로 한 차별을 금지한다.'라는 조문 덕에 차별을 조금 덜 받고 장애인의 삶을 살아온 것 같습니다.

15년 전, 장애인차별금지법이 시행되기 전에는, 차별로 인해 인권침해가 발생해도 구제 방법이 없었고 부당한 일을 당해도 찾아갈 곳이 마땅치 않았습니다. 더 심각한 것은 만연한 장애인 차별에 대해 우리 사회가 문제의식을 가지지 못하고 있었다는 점입니다.

그러나 장차법이 생기면서 교육, 고용, 사법, 편의시설 등 각 분야에서 어떤 행위가 차별인지 법에 제시되어, 문제제기 할 수 있게 되었고 권리침해를 당했을 때 찾아가 이야기하고 시정할 수 있는 기관도 생겼습니다. 이젠 장애인을 차별하면 안 된다는 것에 이의를 제기할 사람은 없게 되었습니다.

존경하는 선배 동료 의원님, 그럼에도 저는, 아프게 고심해보았습니다. 15년의 세월이 흐른 지금, 장차법이 당시의 기대와 열기, 또 이 법의 목적을 달성하고 있는지 말입니다. 음식을 핸드폰과 키오스크로 주문하고, AI가 그림을 그려내고, 정권이 네 번 바뀌는 동안, 장애인들은 차별받지 않고 완전한 사회참여를 하게 되었을까? 정치, 경제, 사회, 문화, 교육, 노동, 사법 등에서 기회 균등에 필요한 조치가 이루어지고 있을까? 학대가 사라지고 인간으로서의 존엄성을 인정받고 있을까? 그리하여 긍정적이고 행복한 인생을 즐기고 있을까?

제가 내린 결론은 '아니다'입니다. 법이 변화하는 사회 환경과 기술, 높아진 권리의식을 따라가지 못한 채 정체되어 있습니다. 실질적인 삶의 질 개선으로 이어지지 못한다는 비판도 있습니다. 아직도 많은 장애인들은 장애 때문에 차별을 당한다고 느낍니다. 편의점, 약국, 식당 등 주변 상점의 33%는 편의시설 설치 의무 대상이 아니어서 장애인이 들어가기 어렵습니다.

휠체어 장애인이 탈 수 있는 고속버스와 시외버스는 거의 없으며, 저상버스가 있지만 기다리다 지치고, 리프트가 고장 났다, 사용법을 모른다는 각종 이유로 승차를 거부당하기 일쑤입니다. 이를 개선하고자 소송을 걸어도 버스 회사 잘못은 인정하지만, 지자체 책임은 아니라며, 소송 비용을 장애인에게 물게 하는 것이 현실입니다.

때문에 저는 오늘, 의원님들께 간곡히 요청드립니다. 장애인차별금지법의 실효성을 높이기 위한 전면개정에 함께해주십시오. 이번 전면개정안은 헌법과 유엔장애인권리협약을 기준으로 장애와 장애인의 범주를 확대해, 더 많은 장애인 차별에까지 적용될 수 있도록 했습니다. 사회 환경 변화에 맞춰 재난상황에서의 차별, 괴롭힘 조항 등을 넣었습니다. 또, 정신장애인, 장애여성 및 아동, 외국 국적의 장애인 등 이중 차별을 받는 대상에 대한 권리를 보다 두텁게 하고자 했습니다.

존경하는 선배 동료 의원님! 15년 전 국회는 그 시대의 책무를 다해 장애인차별금지법을 만들었습니다. 이제 우리 국회에는 사회변화에 맞춰 이 법의 부족한 점을 보완해 진일보시킬 책임이 있습니다. 꽃을 가꾸지 않으면 시들어 죽고 맙니다. 법도 시대에 맞게 다듬지 않고 방치하면 없는 것과 다르지 않습니다. 모쪼록 장애인차별금지법이 장애인의 삶에 있어 매 순간 유용한 법, 살아 숨 쉬는 법, 힘이 되는 법으로 꽃 피워질 수 있도록 개정에 함께해주시길 바랍니다. 감사합니다.

⑤ 검사 탄핵소추안 제안설명(2023.9.21.)

존경하고 사랑하는 국민 여러분!
김진표 국회의장님과 선배‧동료 의원 여러분!
더불어민주당 최혜영 의원입니다.
앞서 한동훈 장관의 제안설명은 부적절함을 말씀 드리며 유감을 표합니다.
체포동의안 이유 설명은 민주당을 대상으로 하는 것이 아니라 전체 의원을 대상으로 하는 것이며,
체포동의안 대상자 이외에 다른 의원을 언급하는 것은 매우 부적

절합니다.
이런 행동이 통제받지 않는 검사들의 모습을 대표하는 것입니다.

검사탄핵소추안에 대해 제안 설명드리겠습니다.

 대한민국 헌법 제10조에 "모든 국민은 인간으로서의 존엄과 가치를 가지며, 행복을 추구할 권리를 가진다. 국가는 개인이 가지는 불가침의 기본적 인권을 확인하고 이를 보장할 의무를 진다." 라고 되어있습니다.

 또한 헌법 제11조 제1항에는
"모든 국민은 법 앞에 평등하다." 라고 되어 있습니다.

그러나 현실은 어떻습니까?
존엄하고, 행복을 추구할 권리를 가진 국민들이
오히려 '법 앞에 평등하지 않다.' 라고 이야기하고 있습니다.
'유전무죄 무전유죄' 말은 '유검무죄, 무검유죄'라는 말로 바뀌었습니다.
법 앞에 평등해야 하는 국민들은 아는 검사가 있으면 무죄고 아는 검사가 없으면 유죄라며 법 위에 검사가 있다고 이야기합니다.

"죄를 지으면 벌을 받는다."
이건 누구나 아는 상식이며 자유민주주의를 지키는 법치주의의 근본입니다. 하지만 지난 70년간 검찰에게는 상식적인 법치주의가 지켜지지 않았습니다.

 검사징계법에 따라 검사가 잘못해도, 검찰총장이 징계 청구를 하지 않으면 징계할 수 없습니다.
이를 통해 검찰총장에게 충성하면 검찰은 검사의 잘못을 징계하기는커녕 오히려 검사직을 그대로 유지하거나 자유롭게 승진까지 해왔습니다.

이를 넘어 잘못을 저지른 검사는 주요 보직을 꿰차며
그 누구의 눈치도 보지 않습니다.
은퇴 후에는 전관예우를 통해 부를 축적해왔습니다.
국민의 한 사람으로서 정말 누구나 법 앞에서 평등한 것인지
되묻고 싶습니다.

물이 고이면 썩듯이 권력 역시 고이면 썩습니다.
검찰총장 출신의 윤석열 정권이 들어선 이후
검찰은 더 두려울 것 없다는 듯 무소불위의 권력을 휘두르고 있습니다.

권력을 장악한 비변사가 붕당 정치를 하면서 조선을 망가뜨렸듯이
권력을 장악한 검찰이 특정한 정당과 특정 일당을 위해 일하면서
대한민국의 민주주의를 망가뜨리고 있습니다.

대한민국이 더 망가지기 전에, 민주주의가 더 망가지기 전에
국회가 나서서 검찰 정권의 무도한 칼춤을 멈춰야 합니다.

존경하는 국회의장님 그리고 선배 · 동료 의원 여러분!

혼신의 힘을 다해 국민을 섬기고
국가에 봉사할 것을 다짐하겠다고 선서한 검사 중에
대한민국을 망가뜨리는 검사가 너무나 많습니다.

손준성 검사는 수사정보정책관이라는 직위를 이용해

수사정보정책관실 공무원 등에게 부당한 지시로 수집한 자료와 고발장을
특정 정당에 주어 고발을 사주하였습니다.
이를 통해 검찰총장, 그의 가족, 검찰 조직에 대한 비난 여론을 무마하고, 범여권 인사에 대한 부정적 여론을 형성하여 국회의원 선거에 영향을
미치도록 하였습니다.
이는 공정한 선거를 방해하고 정당 민주주의를 파괴하는 행위입니다.
그럼에도 윤석열 정권은 자유민주주의를 파괴한 검사를 징계하지 않고
이번에 검사장으로 승진시켰습니다.

 이시원 검사는 검찰 재직 당시 '서울시 간첩조작 사건'을 담당했던 검사입니다. 당시 이시원 검사는 정직 1개월이라는 말도 안 되는 가벼운 징계를 받고 검찰을 떠났습니다. 이 또한 윤석열 정권은 무고한 사람을 간첩으로
만들고, 증거를 조작하는데 책임이 있는
이시원 검사를 공직기강비서관으로 임명했습니다.

특히 이번 탄핵소추안의 대상인 안동완 검사는
'서울시 공무원 간첩조작 사건'의 증거들이 조작되었음이 밝혀지고,
검찰이 큰 위기에 처하자 이미 기소유예 처분을 받았던 사건을 가져와
뒤늦게 '보복기소'를 감행했습니다.

이에 대해 대법원은 최초로 검찰의 '공소권 남용'을 인정했고,
보복기소임을 명확히 했습니다.
대법원판결로 보복기소한 안동완의 위법함이 세상에 증명됐습니다.
하지만 안동완은 아무런 제재도 없이 검사직을 이어가고 있습니다.

이번 검사탄핵은 외형은 한 명의 검사를 탄핵하자는 것이지만,
헌법과 법률을 위반하고 민주주의를 파괴하며
주권자인 국민을 무서워하지 않는 검찰정권과 싸우는 것입니다.
군사 독재정권에 항거했듯, 이번 검사탄핵은 잘못을 저지르고
반성하지 않는 무소불위의 권력을 휘두르는 검찰 독재정권에
항거하는 것입니다.
존경하는 국회의장님 그리고 선배 · 동료 의원 여러분!

이제 검찰의 무소불위 권력에 제동을 걸어야 합니다.
'죄를 지으면 벌을 받는다.'라는 것을 명확하게 확립하기 위해 검사탄핵을 여기서 멈추지 말아야 합니다.
이것으로 끝나지 않고, 위법이 명확하게 확인되는 검사에 대한 탄핵을 계속 추진해야 합니다.

이제는 검찰이, 주권자인 국민을 무서워하고,
정권에 대한 봉사자가 아닌, 국민 전체에 대한 봉사자가 되도록 하여야 합니다.

이것으로 제안 설명을 마치며, 의원 여러분께 부디 탄핵소추안에 찬성해줄 것을 부탁드립니다.
경청해주셔서 감사합니다.

(2) 예산결산특별위원회 질의

① 쌀값 안정화 예산 확보 - 2022.11.08.

농림부 장관님, 잘 아시겠지만, 올해 9월까지 지속된 쌀값 폭락으로 9월말 산지쌀값이 지난 동기 대비 약 25% 하락했습니다. 이로 인해 2021년산 쌀은 '역계절 진폭'(전년 수확기 대비 가격이 떨어지는 현상)이 20.5%에 달했다고 합니다. 일반적으로 수확기(10~12월)에는 쌀 출하와 판매가 집중돼서 가격이 낮게 형성되지만 단경기(7~9월)에는 재고부족 등으로 가격이 높아지는데, 쌀값 폭락 결과 이례적 수준의 역계절 진폭이 발생했다.
한 한국농촌경제연구원 연구위원의 말씀을 빌리면, "쌀값 데이터를 축적해온 45년 동안 이 정도의 역계절 진폭이 발생한 건 이번이 처음입니다."이라고 합니다. 우리나라는 작년 기준, 전체 농가의 51.6%에 달하는 53만여 농가가 벼 농사를 짓는다고 합니다. 쌀값 하락을 방치해 벼 재배농가가 붕괴되면 농가의 절반이 무너지고, 지방을 기반으로 하는 주산지 지역경제도 직격타를 입습니다. 실제로 존경하는 신정훈 의원님의 자료에 따르면, 2022년산 농협 벼 매입가격이 5만 5,000원까지 하락할 경우 약 1조 5,833억원 농가소득이 감소되며, 쌀값이 추가 하락해 벼 매입가격이 5만원까지 내려가면 약 2조 2,430억원이 감소할 것으로 추계가 되기도 합니다. 이는 농업계 전반의 혼란 뿐 아니라 나아가 식량안보의 붕괴와 지방소멸 가속화를 초래할 가능성이 굉장히 큽니다.

제가 살고 있는 안성지역도 쌀이 많이 생산되는데요, 쌀값은 폭락 됐고, 쌀은 또 안팔리고 하니 지역주민들이 매번 국가 차원의 쌀값 대책들을 말씀하십니다. 뒤늦게 나마 발표된 정부의 대책은 그나마 다행이라고 생각하지만, 언제까지 이런 식으로 정부의 입만 쳐다볼 수는 없습니다. 우리 국회가 제도적으로 개선해야 한다고 생각합니다.

그런 의미에서 저는 하루 빨리 양곡관리법 개정을 통해 이번과 같은 수확기 대책을 제도화할 필요가 있다고 생각됩니다. 그리고 이렇게 법안 개정되더라도 이를 받쳐줄 예산반영이 필수적이라 생각되는데요, 아시다시피 올해 정부안에 논타작물 재배지원사업 예산이 전혀 없습니다. 현재 농림위 예산소위에서 논의 중인 것으로 알고 있는데요, 법 통과전이라도 내년 예산으로 1,440억 원 증액이 필요하다고 생각합니다. 이에 대한 장관님의 의견을 말씀해주시고요.

간단하게 또 하나 말씀드리면, 이번에 제출된 예산안을 보면 ① 초

등돌봄교실 과일간식지원 시범사업 72억원, ② 임산부친환경 농산물지원시범사업 157억 8천만원을 '전액' 삭감했습니다. 장관님이 더 잘 아시겠지만, 저 두 사업은 작년까지만 해도 국민의힘이 증액을 요구한 농업분야 7개 사업 중 하나로 22년도 예산안 확정할 때 자신들이 추진한 대표적인 민생예산으로 홍보까지 한 것으로 알고 있습니다.

그런데 윤석열 정부 들어와 두 가지 사업 '전액' 삭감했는데도, 대통령이 무서워서인지, 기재부장관이 무서워서인지 아무 말도 못하고 있습니다. 대체 아이들과 임산부 먹거리 예산까지 삭감하면서 챙겨야 하는 '시급한 민생'이 무엇인지 이해하기 어렵습니다. 이에 대한 예산도 반드시 증액이 필요하다고 생각되는데, 이에 대한 의견도 말씀해주시기 바랍니다.

② 소부장 특화단지 조성 사업 및 안성 반도체 인력양성 – 2022.11.10.

이창양 산업통상자원부 장관님께 질의드리겠습니다. 장관님, 반도체는 우리 핵심 산업이죠? 세계 반도체산업의 성장은 매우 급격하죠. 성장률이 24%나 됩니다. 또, 반도체는 미래 산업인 디지털, 그린 혁명 등을 구현하는데 핵심이기도 해서 각국의 경쟁도 격화

되고 있습니다. 우리나라가 9년 연속 세계 1위, 2위를 다투고 있긴 하지만 최근 경험한 위기를 보더라도, 앞으로가 중요합니다.

장관님, 그래서 지난 7월에 관계부처 합동으로 관례 전략을 발표하셨죠? (민관의 역량을 결집하는 반도체 초강대국 달성전략) 정부 발표에도 나와 있는데요. 특히 소부장생태계를 견고하게 구축하는 것이 중요합니다. 용인, 평택 등의 지역에 지금 소부장 기업들이 많이 모여있습니다. 정부도 이들 지역에 '반도체 특화 R&D 클러스터'를 차질없이 추진하겠다 하셨구요.

용인과 평택에 바로 붙어 있는 지역이 안성입니다. 그리고 안성에는 한경대, 한국폴리텍대학, 두원공과대학, 중앙대 안성캠퍼스 등 대학들이 많습니다. 장관님, 지금 하고 계시는 클러스터 사업이 잘 추진되기 위해서는 안성시와 이들 대학의 적극적 협력이 중요하다고 봅니다. 특히 지금 반도체 관련 인력 부족 지적에 따른 양성 발표에 대해서 지방대학들의 문제 제기가 있고, 또, 석박사 인력 외에 오퍼레이터, 장비 엔지니어 등 현장 인력의 재교육 등도 중요하다는 얘기들이 있지 않습니까. 실제로 산자부의 '2021년 산업기술인력 수급실태조사 결과'를 보면, ▲반도체산업 부족 인력 90%가 중소기업에 몰려 있고 ▲해당 사업체 필요인력을 보면, 고졸인력 68%로 가장 많았고, 전문학사 17%, 학사 14%, 석사 이상은 0.9%

로 나타났습니다.

그런 측면에서 안성시가 바로 옆에 있는 평택, 용인 지역의 소부장 기업들과 연계해서 산업체 현장 맞춤 인력을 즉각 투입하고, 또 이 회사들이 직접 하기 부담스러운 재교육 문제를 해결할 수 있다고 봅니다. 안성시도 적극적입니다. 이들 학교와 협의하고 있다고 알고 있구요. 그렇기 때문에 정부가 함께 좀 지원을 하셔야 합니다. 안성시가 12월에「국가첨단전략산업 특화단지 지정」수요 신청을 할 예정이구요, 저도 관련 예산을 요청했는데요. 장관님, 긍정적으로 검토해주시기 바랍니다.

③ 안성지역 공공하수 관련 사업 예산 확보 – 2022.11.10.

환경부 장관님, 환경부는 우리나라 공공하수도의 효율적인 운영·관리를 위하여 다양한 공공하수 관련 사업들을 하시는데요. 특히「통합·집중형 오염하천 개선사업」대상으로 전국 오염하천을 선정해서 이들 하천에 대해 2021년부터 2025년까지 하수도 시설 신·증설과 함께 생태습지 조성 등의 비점오염 저감사업, 공공폐수처리시설 설치 등 약 22개 사업에 대해 국비 약 1,220억 원을 집중적으로 지원 중인 것으로 알고 있습니다.

저희 안성 금석천도 선정돼서 내년에 공사가 착공될 예정인데요. 이 사업에 대해 협조 잘 부탁드리고요. 이와 관련해서 한 가지 더 말씀드리면 안성 지역에 공공하수 관련해서 아직 제대로 정비되어 있지 않아 지역주민들의 불만이 상당히 많습니다. 그래서 안성시도 공공하수 관련해서 여러 국비 사업들을 환경부에 요청하고 있는데요. 안성천과 평택호 수계 수질개선을 위한 「안성 공공하수처리 총인 저감 사업」뿐 아니라 수생태 보호 등 효율적인 하수처리와 지역주민의 주거환경 개선을 위한 「공공하수처리시설 증설사업」과 「오수관로 신설사업」도 내년 예산에 함께 요청드렸습니다.

아마 저희 안성뿐 아니라 여러 지방의 공공하수도 관련 사업예산들도 요청되었을텐데요. 사실 재정자립도가 좋지 않은 지방에서는 국비가 담보되지 않으면 환경개선과 같이 지역주민들이 꼭 필요로 하는 사업을 하기가 어렵습니다. 저도 이번에 이와 관련된 예산을 요청드릴 예정이니, 환경부가 깨끗한 대한민국을 위해 적극적으로 앞장서 주시기 바랍니다.

부록

부록2 약력 및 성과

○ 출생

1979년 6월 1일 경남 거제 출생

○ 학력

2018.02. 나사렛대학교 일반대학원 재활학 박사 학위 취득

2010.08. 서울여자대학교 대학원 사회복지학 석사 학위 취득

2004.08. 신라대학교 무용학과 학사 학위 취득

○ 주요 경력

現 제21대 국회의원

現 2022.07. ~	제21대 국회 후반기 보건복지위원회 위원
現 2023.04. ~	제21대 국회 연금개혁특별위원회 위원
現 2023.02. ~	제21대 국회 인구위기특별위원회 위원
現 2023.09. ~	더불어민주당 원내대변인
現 2023.06. ~	더불어민주당 후쿠시마 오염수 원내대책단
現 2023.02. ~	더불어민주당 전국여성위원회 수석부위원장
現 2022.11. ~	더불어민주당 정당혁신위원회 위원

現 2022.12. ~	더불어민주당 을지키는민생실천위원회 상임운영위원
現 2022.06. ~	더불어민주당 민생우선실천단 장애인권리보장팀 간사
現 2020.09. ~	더불어민주당 사회적참사 TF 위원
現 2020.12. ~	의원친선협회 가입(3개 국가)트리니다드토바고(부회장), 스위스·미얀마 (이사)
2023.05. ~ 2023.09.	前 더불어민주당 4기 원내부대표
2022.07. ~ 2023.05.	前 제21대 국회 후반기 예산결산특별위원회 위원
2022.08. ~ 2022.08.	前 더불어민주당 전국대의원대회 부의장
2022.06. ~ 2022.08.	前 더불어민주당 중앙당선거관리위원회 위원
2022.04. ~ 2022.04.	前 더불어민주당 중앙선거관리위원회 위원
2022.03. ~ 2022.04.	前 더불어민주당 이의신청처리위원회 위원
2021.12. ~ 2022.03.	前 더불어민주당 선대위 함께하는장애인위원회 위원장
2021.05. ~ 2022.04.	前 제21대 국회 전반기 운영위원회 위원
2021.04. ~ 2022.04.	前 더불어민주당 2기 원내부대표
2021.11. ~ 2021.12.	前 제21대 국회 언론·미디어특별위원회 위원
2021.04.	前 더불어민주당 원내대표 선거관리위원회 위원

2020.11. ~ 2021.04. 前 더불어민주당 4·7 재보선기획단

2020.11. ~ 2021.04. 前 더불어민주당 미래주거추진단 위원

2020.09. ~ 2021.04. 前 민주연구원 부원장

2020.09. ~ 2021.03. 前 더불어민주당 민생경제 TF 위원

2020.06. ~ 2022.05. 前 제21대 국회 전반기 보건복지위원회 위원

2020.06. ~ 2021.05. 前 제21대 국회 전반기 여성가족위원회 위원

2020.07. ~ 2020.10. 前 더불어민주당 코로나19국난극복 위원회 위원

2020.06. ~ 2020.08. 前 더불어민주당 조직강화특별위원회 위원

2020.02. ~ 2020.04. 前 더불어민주당 중앙선거대책위원회 공동위원장

2018.11. ~ 2020.03. 한국장애인식개선교육센터 사회적협동조합 이사장

2014.09. ~ 2020.04. 강동대학교 사회복지행정과 교수

2014 ~ 2014 　　　　보건복지부 장애인식개선 홍보모델

2011 ~ 2012 　　　　장애인국제예술단 창작 뮤지컬 '원앤원(one&one)' 주연(작품활동)

2009.10. ~ 2018.11. 한국장애인식개선교육센터 '어울림' 창단 및 센터장 역임

○ 논문

2017. 「여성척수장애인의 사회참여 과정에 관한 질적연구: 경제활동인을 중심으로」 나사렛대학교 대학원 박사학위 논문

○ 수상내역

* 2023년

2023.11. 제97돌 한글 점자의 날 기념 감사패 (한국시각장애인연합회)

2023.10. 제4회 환자의 날 기념 유공자 표창 국회의원상 (한국환자단체연합회)

2023.08. 대한민국 헌정대상 (법률소비자연맹)

2023.06. 23년 2분기 국회 장애인정책 의정활동 우수의원 ((사)한국장애인인권포럼)

* 2022년

2022.12. 장애인정책 우수의원 ((사)한국장애인인권포럼)

2022.12. 유엔장애인권리협약 선택의정서 비준 공로패 (한국장애인연맹(한국DPI))

2022.12. 국정감사 NGO 모니터단 국리민복상 (법률소비자연맹)

2022.12. 더불어민주당 국정감사 우수의원

2022.11. 2022 대한민국 최우수법률상 본상 (머니투데이)

2022.07. 대한민국 헌정대상 (법률소비자연맹)

2022.06. 사회복지의정대상 (사회복지사협회)

* 2021년

2021.12. 국정감사 NGO 모니터단 국리민복상 (법률소비자연맹)

2021.12. 더불어민주당 국정감사 우수의원

2021.11. 더300 국정감사 스코어보드 대상 (머니투데이, 법률앤미디어)

2021.07. 대한민국 헌정대상 (법률소비자연맹)

2021.06. 대한민국 국회 의정대상 입법활동 부문 우수 의원

2021.06. 장애인정책 우수의원 ((사)한국장애인인권포럼)

2021.03. 2021 대한민국파워리더 대상

* 2020년

2020.12. 더불어민주당 국정감사 우수의원

2020.12. 국정감사 NGO 모니터단 국리민복상 (법률소비자연맹)

2020.11. 대한민국 최우수법률상 본상 (머니투데이)

2020.11. 수도권일보 시사뉴스 2020 국정감사 우수의원

2020.11. 한국유니버설 디자인대상 ((사)한국유니버설디자인협회장 수여)

* 2019년 이전

2019.12. 장애인식교육센터 명강사 보건복지부장관상 (국립재활원)

2016.09. 척수장애인 활동가 보건복지부장관상 ((사)한국척수장애인협회)

○ 발의실적

총 176건 대표발의(2023년 10월 8일 기준)

총 1,563건 공동발의(2023년 10월 8일 기준)

총 34건 본회의 통과(2023년 10월 8일 기준)

- 원안 가결 2건, 수정 가결 3건, 대안반영 폐기 29건

간절하게 꿈꾸고, 거침없이 도전하라

초판 1쇄 인쇄	2023년 11월 14일
초판 1쇄 발행	2023년 11월 17일
지은이	최혜영
펴낸곳	도서출판 푸른정원
출판등록일	2006년 4월 14일
출판등록번호	제 2006-00080호
주소	서울시 마포구 동교로 18길 38 지우빌딩 4층
연락처	T. 02-3141-3114 F. 02-3141-3120
편집기획 / 진행	곽상인
디자인	공성화
영업	김정태

ⓒ P&C, 2023, Printed in Korea
ISBN 979-11-85575-30-8

기획	도서출판 푸른정원

이책의 판권은 지은이와 도서출판 푸른정원에 있으며,
양측의 서면 동의 없는 무단 전재 및 복제를 금합니다.

책값은 뒷 표지에 있습니다.
잘못된 책은 구입한 곳에서 바꿔 드립니다.